# 武道気功

## 私の「立禅」修行

［著］山田雅稔

道義出版

# 武道気功　私の「立禅」修行＊目次

# はじめに

２０１７年７月より極真会館総本部代官山道場に併設されているＦＬＵＸ ＣＯＮＤＩＴＩＯＮＩＮＧＳで「武道気功」を指導するようになりました。

極真空手修行者や極真以外の武道経験者のほか、武道経験が全くない方も参加されています。

「気功」とは一般的に「呼吸法と体操によって体内の気血の循環をよくし、病気予防・健康維持を図るもの」という意味で知られています。「武道気功」は、私が長年取り組んできた中国拳法の「意拳」と道教の「内丹法」をベースにした、主に武道修行者のための「気功」です。

立ったままの姿勢で行う「立禅」を中心とし、さまざまな補助運動を取り入れています。

身体的には、体内エネルギーである「気」の養成および活用、足腰の鍛錬、それらによる攻撃力の向上、柔らかな身体動作の習得を図ります。

精神的には、大事な場面における心の安定・集中力の向上、各種緊張からの解放などを目指します。

また、日常生活を心身ともに健やかに過ごすための「養生」の側面もあります。

「武道気功」において、最も重要なトレーニングが「立禅」です。

本書は、「立禅」のやり方・私の修行体験・「立禅」の歴史などさまざまな角度から、「立禅」に焦点を当てて解説したものです。

私にとって「立禅」修行のバイブルは、「意拳」の創始者である王薌齋先生のことばです。日本で出版されている関連書籍の中で紹介されていることばについては、そのまま引用させていただきました。

内容的には、2017年8月から2018年7月にかけて『月刊　秘伝』(BABジャパン)に1年間連載したものに、大幅に加筆・修正を加えました。「立禅」を武道修行の一環として行っている方、あるいは養生のために「立禅」を日課としている方の参考になれば幸いです。

# 第1章　「立禅」との出会い

# 第1章　「立禅」との出会い

## 1．山田式「立禅」

２０１６年9月、20年ぶりに空手の技術書『極真空手50年の全技術』（ベースボールマガジン社）を出版し、その中のコラムで、私の「意拳」への取り組みについて次のように書きました。

『稽古の一環として中国拳法の意拳を取り入れるようになって41年が経った。私の入門当初、太氣拳の澤井健一先生（中国で、意拳創始者の王薌齋先生に師事し、意拳を学ぶ）が大山倍達総裁と懇意で、よく総本部道場に来られていた。縁があって、私も指導していただくようになった。また、１９８８年に澤井先生が亡くなられてからは、孫立先生のご指導を受ける機会が訪れた。

立禅（意拳では站樁という）、試力、発力、歩法、試声、推手、散手という七つの訓練段階からなる。王薌齋先生は「樁功は毎日一時間から一時間半行なうのが適当である。一日の樁功の時間は、練功全体の時間の三分の二がよく、三分の一は試力に用いるとよい。」と書かれている(『意拳・大成拳創始人王薌齋伝』孫立編著　ベースボールマガジン社)。

私の立禅の時間は、以前は15分ほどだったが、思うところがあって数年前より毎日1時間を日課にしている。少しずつ変化が表れ始めているが、これについては、将来機会があったら書いてみたい。

選手対象の朝練でも、稽古の初めに意拳を取り入れて指導している。気の養成、それに伴う威力の増大や反応速度の向上、足腰の鍛錬、粘りのある「構えの腰」の育成、柔らかい動きの習得、一種の体幹ストレッチ、精神面の安定化、などの効果があるように思われる。』

私は現在、澤井先生・孫先生から指導を受けた内容に、私なりに研究してきて分ったことを加味して、立禅を中心とした毎朝1時間半の稽古を日課としています。また、極真空手の指導者として選手指導にも立禅を取り入れています。

本書では、あくまでも私なりに日々実践している、言わば山田式「立禅」の実体験に基づく研究成果を発表させていただきます。少しでも、読者の皆さんのお役に立てればと思います。

## 2. 立禅との出会い

自己紹介も兼ねて、私と立禅との出会いから現在の取り組みまでを書いてみます。

### ①自律神経失調症に

私は1971年8月、高校3年の夏休みに極真会館総本部道場に入門しました。1974年11月の第6回全日本選手権大会に出場した年末、総本部道場の近くで交通事故に遭い左ひざ靭帯を損傷しギブス生活を送ることを余儀なくされ、空手の稽古ができなくなります。当時、大学3年でしたが、それを機に公認会計士第二次試験の受験を目指すことにしました。

空手の仲間は稽古に励み、また大学の同級生は就職活動を行っており、周りに対する多少の焦りもあったのか、1975年の夏ごろから一種のノイローゼ状態に陥ります。精神科の先生に診てもらったら、「受験勉強のし過ぎによる自律神経失調症で、休めば治る」とのことでしたが、受験勉強を中断するということもできず、当時の私にとっては大変つらい状況でした。

その状態から脱するべく座禅の道場にも行きましたが、足が痛くて余計にストレスがたまり、私にとってはかえって逆効果でした。

②立禅との出会い

1.で紹介したように、極真会館の大山倍達総裁と太氣至誠拳法(太氣拳)創始者の澤井健一先生は交流があり、私の入門当初から澤井先生が大山総裁を訪ねてよく総本部道場に来られていました。澤井先生の指導を受けている先輩がいて「立禅」には素晴らしい効能があると聞き、私もお願いして澤井先生のご指導に参加させていただくようになりました。
立禅の稽古開始直後は少し筋肉痛がありましたが、座禅道場で経験したように足首・膝関節・股関節が痛いということもなく、私には合っていたようです。

澤井先生にご指導いただいたのは月に1回程度で、それ以外は毎朝自宅で15〜20分ほど立禅を行うようにしました。受験勉強自体も体調に合わせて休養を取るようにし、また立禅の効果が徐々にあらわれ、私の自律神経失調症も少しづつではありますが快方に向かっていきます。

１９７６年3月に大学を卒業し、その後は浪人生活を送ることになります。受験勉強とともに毎朝の立禅と若干の空手の稽古は継続していました。大山総裁から認可を受け、１９７８年8月に極真会館・東京城西支部を開設します。その直後の9月の試験発表で合格しており、3年後の第三次試験を残してはいるものの、とりあえず受験生活から解放されました。立禅を継続することにより勉強に対する集中力が増したような気がします。何より三日間連続で行われる本試験で普段の実力が発揮できたのは、間違いなく立禅の効果だと思います。

③極真空手の指導者として

私が支部道場を開設してから２０１８年で40年となりました。その間、大西靖人・黒澤浩樹・増田章・田村悦宏・鎌田翔平と5人の全日本チャンピオンが出ています。私自身の稽古の一環として立禅を取り入れてきましたが、選手にも立禅を指導してきました。特に初代の指導員である大西と現在の指導員である鎌田には、選手稽古の一部を立禅が中心の「意拳」に割いてきました。

立禅を中心とした意拳は極真空手の選手にとっても有効で、1．で紹介したようなさまざまな効果があるようです。

④澤井健一先生ご逝去と孫立先生

１９８８年7月に澤井健一先生がご逝去されます。84歳でした。亡くなられる直前に入院されていた病院にお見舞いにうかがいます。病室では奥様が付き添っておられ、澤井先生は昏睡状態でした。

お通夜には大西靖人とともに参列させていただきました。当時、私の道場と自宅が世田谷の代田橋にあり、１９８１年ごろから月に1回澤井先生に道場に来ていただき大西とともに指導を受け、その後自宅に寄っていただくようになっていました。食事をしながら、先生の中国での修業時代のお話や王薌齋先生の逸話などを伺うことが大変楽しみでした。

１９９４年4月に大山倍達総裁が亡くなられ、松井章奎館長が後継者となります。１９９５年3月から今度は孫立先生(現・国際意拳会会長、大成館館長)に毎月1回私の会社に来ていただいて指導を受けるようになります。その稽古には松井館長の新体制で支部長に就任した私の弟子などが20人近く参加していました。

澤井先生は王薌齋先生の直弟子ですが、孫先生は王先生の孫弟子に当たります。澤井先生の太氣拳と孫先生の意拳の稽古内容に類似点はあるものの、細部では違いも見られます。両先生の教えを受けたことで私の意拳に対する理解も深まりました。

その後も毎朝の立禅は欠かさず行ってきました。また、日常の空手指導や企業経営の中で、特に精神的な面において「立禅」の効用を再確認する場面も多くありました。

⑤王郷斎先生が挙げられた『「立禅」の生理的な境地』

1．で紹介した『意拳・大成拳創始人　王薌齋伝』(ベースボールマガジン社)に王先生の遺稿である『意拳論』が紹介されており、その中で王先生は『「立禅」の生理的な境地』を次のように書かれています。

『百日持続すれば感じるものがある。三、四年堅持すれば四肢に膨張感を感じ、手足が温かくなり、鉛が注いだような感覚が持てるようになる。四肢の陰面(前側)は比較的に早く感じ、陽面(後ろ側)が感じるようになるのは比較的に難しく、時間もかかる。四肢の陰陽両面にすべて鉛が注がれたような感覚があれば、効果が期待でき、そうした境地に到達すれば功を学び始めてもよい。(中略)椿功を五、六年持続すれば、両耳が膨張し、眉や鼻梁の内部になにか鼓動するものを感じ、頭が紐で吊られたように首筋がまっすぐに伸び、頭皮は膨張し、髭や髪の毛はピンと張り、岩が頭を圧しているような感じがするようになる。これが即ち「頭直頂竪の功」である。同時に上肢の感覚は次第に臀部や下腹部に及んでくる。ここに至れば四肢にだんだんと毎日よい感覚がでてくる。こうした境地に到達すれば、自然の趣は満ちあふれてくる。しかし、この段階では力が発する源が腰や背中にあるのではなく、腕先の機械的な力でしかない。（中略）

十年前後持続すれば腰や背に膨張感が感じるようになる。この種の感覚は各臓腑に達し、全身が鋳物のようになる。体には鉛が注がれ、筋肉が一塊になったようで、歩を進めれば、泥道を行くよう、手を挙げれば武器を取ったよう、体を動かせば波間を行くよう、腰や背は牛のようである。こうした境地に至れば、動きは妙趣ともいえ、発力は均整のとれたものになる。こうして始めて技撃の素質が備わったというものである。』

私自身、長年「立禅」を日課としてきましたが、王薌齋先生の言われるその生理的な境地がなかなか体感できませんでした。そこで数年前より、その生理的な境地を体感することを目的とした研究・修行を行うようにしました。

王先生は先ほどの文章の後に次のように書かれています。

『椿功を長期間持続しても効果が表れないのは、姿勢が正しくないか、または心理的なものが生理に副作用を及ぼしているか、さもなければ生理的なものが心理に作用を及ぼしているかのいずれかである。このようなときは、その道の先達に教えを乞うことである。決して独りよがりになってはならない。これは非常に大切である。』

私も中国拳法の先達に教えを乞うべく、さまざまな解説書を購入して読んでみましたが、私の知る限り適当な内容を見つけることは困難でした。そこで仕方なく、気功・道教・仙道・クンダリーニヨガなどの文献を読みながら、自分なりに工夫して毎朝一時間超の「立禅」を行ってきました。

その立禅の実践や研究を通して私なりに分かってきたことがありますので、本書で紹介していきたいと思います。

# 第2章　「立禅」とは

# 第2章　「立禅」とは

## 1.「立禅」とは

中国語では「立禅」のことを「站(ｚｈａｎ)樁ｚｈｕａｎｇ」(日本語読みでタントウ)と言います。「站」の意味は「立つ」、「樁」の意味は「杭(くい)」です。つまり、直訳すれば「杭のように立つ」ことです。

立禅を行う主目的は、体内エネルギーである「気」の養成にあります。気が養成されると、その力を利用することにより、攻撃威力が増大したり、反応速度が向上したりします。それらの力やスピードは太古の人類が狩猟生活をしていた頃には、本来具えていた能力だったと想像します。それらの力やスピードがあったから近代的な武器のない中で狩猟も行えたし、大型肉食獣から逃げることもできたのではないでしょうか。

現代人でも時としていわゆる「火事場のバカ力」を発揮することがあります。立禅を通じた気の養成によって「火事場のバカ力」を自在に活用できるようにする、というのが究極の目的です。

副次的に、精神面の安定化や集中力の向上といったメンタル面での効果も顕著に見られます。第1章で、私自身の公認会計士試験受験時のことを書きましたが、私にとって立禅の効果は絶大でした。

## 2.「気」

澤井健一先生は「太氣拳で最も重要なものが気で、相手と立ち会ったときに気の力が自然と外に出てくるよう、立禅を長年飽きずに続けなければならない。」とよく言われていました。

王薌齋先生も『意拳・大成拳創始人　王薌齋伝』の中で「気」について、次のように書かれています。

『大気と人体は呼応の関係にある。動と静はいずれも利用でき、反応がある。站椿を久しく続けていると、体内が次第に膨張し、大気とのつながりを感じるようになる。これは站椿を続けての初歩的な体得と感覚である。将来、この種の力を利用して敵に打撃をあたえるとすれば、これは発力でもあり、これこそ意拳の独創ともいうべきものである。』(『意拳論(その二)』の『大気の呼応』の項)

第8章でも触れますが、誰でも幼少時は気の通り道である気脈(経絡)が開いています。ところが、性エネルギーの発生が盛んになる頃(11～13歳くらい)までに、重要な気脈である督脈・任脈上にある竹の節のような竅(きょう)が閉塞され通行止めとなってしまうそうです。そう言われれば、赤ん坊が泣き続けるエネルギーにはいつも驚かされます。

## 3. 「争力」

「気」と並んで立禅を行う上で大切な概念として「争力」があります。立禅を行う際に身体の各部に反発・矛盾しあうような力が働くとイメージするのです。つまり、力は一方向だけではなく、同時に逆方向などへの力が働いていて、その微妙なバランスの中で立っている感覚です。各立禅の種類ごとに異なりますが、上下・左右・斜め・右手と左手・右足と左足・手と足・首と足・頭と腰などが反発・矛盾するのです。

ですから、立禅は立って行いますが、ただ立っているわけではありません。ちょうどサッカーのゴールキーパーや野球の内野手のように、相手が前・後・上・下・左・右のどこから攻撃してきても瞬時に攻防できることを前提に自然体で立っているわけです。静かに立っているように見えて、実は常に臨戦態勢を整えているといった感じです。

ただし、精神的には極めてリラックスしていなければなりません。よくスポーツ選手が最高のパフォーマンスをする際に「ゾーンに入る」と表現します。心地よくリラックスした精神状態が選手自身の能力を最大限に発揮させるわけです。常に臨戦態勢といっても、それは緊張状態とともにではなく、リラックスした状態とともにあることが必要です。

## 4.「立禅」の種類

「立禅」の主な種類には入門式、扶按式、撑抱式、矛盾式、伏虎式、降竜式、独立式、子午式などがあります。

①入門式

両足を肩幅に開きます。両膝を、膝頭が足先を越さない程度にわずかに曲げます。臀部は高い椅子に座る感じで、背中は壁にもたれているようにします。

頭を上から引っ張られているように上半身をまっすぐに伸ばし、目は前方を見て、両肩をリラックスさせます。両腕は身体の側方にこぶし一つか二つ分くらい離し、手のひらは内側に向け、指は自然に開きます。

首は上に、首から下（胴体や足腰）は下に伸び、争力が働きます。

腿部の筋肉は内側にねじり、巻き付くようにイメージします。膝は外側へ向けます。

呼吸は鼻でゆっくり行い、口は軽く閉じ、舌は上あごにつくかつかないような感じを保ちます。この舌の位置によって、上半身の背部の内側を通る督脈と前部の内側を通る任脈がつながります。この呼吸・舌の位置はすべての種類の立禅に共通します。

自分が大きな湖に浮かぶボートの上に立って、両手をズーッと伸ばし湖底の泥の中に錨のように刺し込んでいるとイメージします。それをゆっくり引っ張ったり、伸ばしたりしますが、あくまでイメージの上で行うので、実際には力を入れません。引っ張るときに重心を足のつま先に移動させ両膝をやや開きながら息を吸い、伸ばすときに重心を足の中心に戻しつつ両膝を閉じながら息を吐きます。

①入門式

②扶按式

立ち方は①入門式と同じです。

両腕は腹部の前に上げ、手と体の距離はこぶし二つあるいは三つぐらいで、手と手の距離は肩幅とします。指は自然に開き前向きにし、手のひらは下向き、両肘は体の両側へ開いて争力が働きます。

首は上に、首から下（胴体や足腰）は下に伸び、争力が働きます。

腿部の筋肉は内側にねじり、巻き付くようにイメージします。膝は外側へ向けます。

重心を足のつま先に移動させ両膝をやや開きながら息を吸い、伸ばすときに重心を足の中心に戻しつつ両膝を閉じながら息を吐きます。

自分が川の中で岸に向かって立っているとイメージします。水の深さは腰ぐらいまでで、両手で一枚の板を押さえています。押さえ方が弱いと板が流されてしまいますし、押さえ方が強いと水流の勢いに負けてしまいます。水面でちょうどコントロールできるぐらいの強さで押さえているとイメージすることが必要です。

②扶按式

③撑抱式

立ち方は①入門式と同じです。

両腕を胸の前に上げ、手と手の距離は肩幅、手と胸の間は30センチくらい空け、両肘は少し下げ外に開き、手のひらは内側に向け、指は自然に開きます。

抱えている腕のイメージは内側に向けて7割、外側に向けて3割で、争力が働きます。このことを中国語で「撑三抱七」と表現します。「撑」は「ぴんと広げる」という意味で、「抱」は「抱える」という意味です。

両肘は斜め下に引っ張られ、両指先はお互いに引き合い、両手首は外側に張り出す、といった複雑な争力も働きます。

重心を足のつま先に移動させ両膝をやや開きながら息を吸い、伸ばすときに重心を足の中心に戻しつつ両膝を閉じながら息を吐きます。

首は上に、首から下(胴体や足腰)は下に伸び、争力が働きます。

腿部の筋肉は内側にねじり、巻き付くようにイメージします。膝は外側へ向けます。

大きな紙風船を両腕で抱いているとイメージします。強く抱きすぎると紙風船がしぼんでしま

③撑抱式

いますし、弱く抱きすぎると紙風船が落ちてしまいます。しぼみもせず、落ちもせずという微妙な感覚で紙風船を抱きかかえていると想像します。しかし、あくまで想像するだけで、実際には力を入れません。

④矛盾式

片足を半歩前に出し、休めの姿勢になります。両足の幅は一足長くらいです。両足先の向きがちょうど丁字と八字の間なので、この立ち方を「丁八歩」と呼びます。重心のかけ方は前足へ3分、後ろ足へ7分とします。前足のかかとは少し上げます。腿部の筋肉は内側にねじり、巻き付くようにイメージします。膝は外側へ向けます。

両腕を肩の高さに上げ、前の手は立てて前足のつま先の垂線上におきます。後ろの手は体に寄せて、矛で前の手を突くようなイメージを持ちます。前の手が盾で後ろの手が矛のイメージなので矛盾式と呼びます。指は自然に開きます。また、両腕は内側に向けて7割、外側に向けて3割の争力が働くことは撐抱式と同じです。通常の稽古では撐抱式から矛盾式に移行して行いますが、上体の争力はそのまま引き継ぐようにします。

④矛盾式

両肘は外に突っ張り、前足の膝は前へ向き、股は後ろに寄り掛かるように、それぞれ争力が働きます。

⑤伏虎式

「丁八歩」の立ち方から前足を更に広げ、臀部を下ろすようにします。重心のかけ方は前足へ3分、後ろ足へ7分とします。片手は前、もう片方の手は後ろ、手のひらは下向き、目は前足の5メートルぐらい前方の床を見ます。

首は上に、首から下(胴体や足腰)は下に伸び、争力が働きます。

両肘は斜め下に、両膝は前後に、それぞれ争力が働きます。

前の手で虎の首をつかみ、後ろの手で虎の腰を押さえているとイメージします。虎が動いたら両手で瞬間的に押さえつけ、動かなければ両手をゆるめるような感じを保ちます。

⑤伏虎式

⑥降竜式

両足を揃えた状態から一方の足を反対の足を越えて90度移動させます。両足の間隔は「丁八歩」より広くとり、移動させた足が後ろ足となります。重心のかけ方は前足へ7分、後ろ足へ3分とします。前足はやや曲げ、後ろ足は伸ばし、体は前方へ傾け、首と腰を後方にねじり、後ろ足の1メートルぐらい後方の床を見ます。前の手は頭の高さに上げ、後ろの手は腰の横におきます。首は上に、首から下（胴体や足腰）は下に伸び、背骨に沿って争力が働きます。

後ろ足かかとは地面を踏みつけるように、上体との間で争力が働きます。

竜（あるいは大蛇）を両手でつかんでいるようなイメージをします。竜（大蛇）が動いたら両手で瞬間的に引きちぎり、動かなければ両手をゆるめるような感じを保ちます。

⑥降竜式

⑦独立式

前足を上げて、足先は外へ向け、横向きに伸ばします。足の裏は前方へ向けます。膝はへそと同じ高さまで上げます。後ろ足の膝をわずかに曲げ、上半身はねじり、後足側の肩を前方へ出し、顔は前方へ向けます。頭は上に伸び、腰は下に向かって争力が働きます。

両腕を上げ、後足側の手は前に出し、前足の足首の垂線上におきます。指は前方へ向け、手のひらは下向き、肘は少し曲げます。前足側の手は腰の横におき、手のひらは下向きに押さえるようにし、肘は少し曲げます。頭を上方につり上げるようにします。

両手はゴムチューブで結ばれており前の手は前に、後ろの手の肘は後ろに向け、争力が働きます。両手首と首、前足の足首と首がそれぞれゴムチューブで結ばれていて上下に争力が働きます。

前足と地面はバネでつながっていて、前足でそれを踏みつけているようにイメージします。

⑦独立式

⑧子午式

立ち方は⑦独立式と同じで、両腕は④矛盾式と同じです。両腕を肩の高さに上げ、後ろ足側の手は立てて前足の足首の垂線上におきます。前足側の手は体に寄せて、矛で前の手を突くようなイメージを持ちます。指は自然に開きます。

両肘は外に突っ張り、前足の足首と首はゴムチューブで結ばれていて、それぞれに争力が働きます。

前足と地面はバネでつながっていて、前足でそれを踏みつけているようにイメージします。

## 5．意拳の「立禅」と太氣拳の「立禅」

意拳では以上の各式を行いますが、王薌齋先生は『椿功をすすめるさいに、一式にこだわってはならず、毎日、各式を交互にすすめるとよい。それと同時に站椿と臥椿（仰向けに横たわって行う臥禅）を、どちらも堅持することである。生理的な機能を調節する作用があるからである。各式の椿法はすべて内勁を培うものであるが、それぞれ異なる効果をもっている。もしも一式を固持すれば技撃の角度からいって偏ってしまうから、注意しなければならない。』と言われています（『意拳・大

⑧子午式

成拳創始人　王薌齋伝』)。

一方、澤井健一先生には立禅と半禅の二種類を指導していただきました。立禅は撑抱式に、半禅は矛盾式に該当します。澤井先生が中国で他の種類の立禅を学んでこられなかったのか、学んできたけど帰国後に教えられなかったのかは分かりません。ただ、二種類に絞ることで修業や理解がより深まる面もあったと思います。

## 6.「立禅」の要点

以下は立禅の要点です。各四文字は中国語で表現されています。そのままでは意味がわかりにくいかもしれないので、意訳・解説します。

①頭直目正・・・頭はまっすぐに伸ばし、目は真正面を半眼で見ます。

②頭頂頸堅・・・頭に何か載せているように首は伸ばして立てます。

③含胸抜背・・・両肩を前に出すことによって胸を張らずに背中を張ります。ただし、猫背にならないように注意します。

④肩撑肘横・・・両肩は広げ僧帽筋を前にかぶせるようにし、肘は横に張ります。
⑤沈肩堕肘・・・両肩は下に沈め、肘を下げます。
⑥指分掌凹・・・両手の指は開き、掌(たなごころ)はくぼませます。
⑦松腰纏胯・・・腰はリラックスさせ、腿部の筋肉は内側にねじり、巻き付くようにイメージします。
⑧両脚似鉆・・・両足は錐(きり)のように地面に食い込ませます。
⑨神荘気静・・・荘厳な感じで立ち、呼吸は静かにします。
⑨形曲力直・・・関節は若干曲げますが、力はまっすぐに出すようにイメージします。
⑩腹式呼吸・・・呼吸は鼻から腹式呼吸で行います。その際、口は軽く閉じ、歯はわずかに噛み合わせ、舌は上あごにつくかつかないかの微妙な感じを保ちます。

## 7. 臥禅

立禅が立って行うのに対し、臥禅は床にあおむけに寝た形で行うものです。5. で触れたように王薌齋先生は立禅と臥禅のどちらも行うことを勧めています。臥禅の主な種類を紹介します。

①按腹式

床に仰向けになり、両足は肩幅に開き、両膝をわずかに曲げます。かかとは床につけますが、つま先は浮かせます。呼吸は鼻でゆっくり行い、口は軽く閉じ、舌は上あごにつくかつかないような感じを保ちます。

左手(女性は右手)の労宮(手のひら中央のくぼみ)を丹田(下腹)におき、左手(女性は右手)の背に右手(女性は左手)の労宮を重ねます。

自分がプールに浮かんで、リラックスしているところをイメージします。

②扶按式

床に仰向けになり、両足は肩幅に開き、両膝をわずかに曲げます。かかとは床につけますが、つま先は浮かせます。呼吸は鼻でゆっくり行い、口は軽く閉じ、舌は上あごにつくかつかないような感じを保ちます。

自分がプールに浮かんでいるところをイメージします。両手は体の両側におき、水に浮いているビーチボールに載せるように手のひらを下に向け、両肘を床から浮かせます。足は水面から出ているように想像します。

③撑抱式

床に仰向けになり、両足は肩幅に開き、両膝をわずかに曲げます。かかとは床につけますが、つま先は浮かせます。呼吸は鼻でゆっくり行い、口は軽く閉じ、舌は上あごにつくかつかないような感じを保ちます。

両腕を胸の前に上げ、手と手の距離は肩幅、手と胸の間は30センチくらい空け、両肘は少し下げ外に開き、手のひらは内側に向け、指は自然に開きます。

両肘は左右に引っ張られ、両指先はお互いに引き合い、争力が働きます。

自分がプールに浮かんでいるところをイメージします。大きなビーチボールを両腕で抱き、足は水面から出ているように想像します。浮力のあるビーチボールを抱くことによって、自分の上体が水面に浮かんでいるようなイメージです。

## 8.「立禅」と「座法」

立禅は文字通り立って行うものですが、わが国には座って行う「座法」がいくつかあります。

①座禅

日本で一般的に行われている禅は座って行う座禅です。足を組んで座るのですが、その組み方には結跏趺坐（両足の甲をそれぞれ反対のももの上にのせる座り方）と半跏趺坐（片足を他の片足のももの上にのせる座り方）があります。いずれの座り方も足首と股関節の柔軟性が不可欠です。また、腰骨を立たせ、背中をまっすぐに伸ばすため、臀部の下に座布を敷くのが一般的です。

②岡田式静坐法

岡田虎二郎先生によって創始された修養法です。両足を土踏まずのところで深くX字形に重ねて、いわゆる正座の形で座ります。岡田式静座法は座禅に近いと言われています。しかし座布が不要であり、日本人の伝統的な生活習慣である正座を活用したものです。

# 9. 立つことの効能

立禅のように「立つ」ことには健康上の効能があります。

座っている時は筋収縮がほとんど起きないため、体内で糖を運ぶ糖輸送体や、血液中からの中性脂肪の取り込みを促進する酵素の働きが弱くなり、血液中の糖や中性脂肪の濃度が高まると考えられています。また、座り過ぎによって血管機能が低下する可能性も指摘されています。

立禅は立って行うため、それら健康への悪影響の可能性はありません。膝を若干曲げ腰も落とすので、自然と足腰の鍛錬になるという効能もあります。

また、第1章で書きましたが、私自身かって座禅道場に通った際、関節が硬いせいか足首・膝関節・股関節を痛めたことがあります。立禅をするようになってからは、そのような経験をしたことはありません。

# 第3章　澤井健一先生と太氣拳

# 第3章　澤井健一先生と太氣拳

## 1. 澤井健一先生の略歴

極真会館の大先輩で、また澤井先生の娘婿でもある佐藤嘉道師範が書かれた『拳聖　澤井健一先生』（気天舎）の表紙カバーに澤井先生の略歴が、以下のように紹介されています。

『1903年12月東京都に生まれる。柔道・剣道・居合道と幼い頃より武道を愛し、志を抱いて1931年、28歳で中国に渡る。

修行途中で中国拳法の達人・王薌齋に出会い、立会いの結果歯が立たず、その場で弟子入りを決意。「外国人は弟子に持たず」と拒否されるも、一週間入門請願を続け弟子となり、以来、中国拳法の修行に励む。

1947年王薌齋の許可を得、新たに太氣拳を創始して日本に帰る。帰国後は、師の教えを守って道場を持たず、自然の中で稽古することを主義とし、森の中で修行をする。

以後、『太氣至誠拳法』宗師としてその優れた拳法理論と実力を慕って集まった弟子に真の中国拳法を指導。正当に形意拳を受け継いだ武道家として知られ、太氣拳は他流派の高段者が己の修業に取り入れていることでも注目されている。柔道5段、剣道4段、居合道4段。1988年7月16日没。』

## 2.澤井先生から受けた指導

澤井先生は極真会館総本部道場（池袋）によく来られていたので、お見かけすることは何度もありましたが、実際に指導を受けるようになったのは1975年以降のことです。最初は、すでに澤井先生の下で稽古している極真会館の先輩の指導を受けていましたが、そのうち、当時の稽古場（お寺の境内）に月に1回澤井先生が見えられ、直接指導していただくようになりました。

澤井先生の指導は極めて実践的で、「君、私の顔面を突いてこい！」と言われ突いていくと、捌かれたり、崩されたりする、といった具合です。もちろん、時には「蹴ってこい！」もありました。上段廻し蹴りを蹴っていくと、瞬間的に中に入られ、押し崩される、といったことが度々でした。

約2時間程度の稽古が終わると、今度は近くのファミリーレストランに席を移し、食事をしながら澤井先生のお話を伺います。澤井先生の話は面白く、また一度話を始められると澤井先生ご自身が食事するのを忘れるほど途切れることなくエネルギッシュに話を続けられます。１９０３年生まれということですから、当時すでに70歳を超えられていたわけですが、その迫力は今思い出しても驚きです。

## 3. 代田橋道場での指導

１９８０年11月の第12回全日本選手権大会に、私と初代指導員の大西靖人（第15回全日本チャンピオン）が出場しました。翌１９８１年に入ると澤井先生が月に1回、当時の東京城西支部・代田橋道場に来られ、私と大西が個人指導していただくようになりました。

澤井先生は極真会館の全日本大会も観戦されていたので、私をというより、初出場の大西の素質を見抜き、指導してみたいと思われたのかもしれません。道場で稽古を付けていただいた後は、歩いて5分ほどのところにあった自宅で、三人で食事をしながら先生のお話を伺います。

内容は太氣拳の話や中国滞在中の話などです。武勇伝も数多くありましたが、実体験としての戦争の悲惨さも語られていました。

澤井先生から逆手の指導も受けました。澤井先生の逆手は「相手の関節を極める」というよりも、「相手から手や服や髪の毛を掴まれた場合に瞬時に相手の掴んでいる手を外し、すぐに攻撃に移る」というものです。

## 4. 澤井先生のエピソード

代田橋道場での指導で思い出す澤井先生のエピソードがいくつかありますので、紹介します。

①第12回大会では大西が3回戦敗退、私が4回戦敗退、という結果でした。自宅での食事の最中に、私が何気なく「大西、来年はかたきを討ってくれよ。」と言うと、澤井先生は「何を言っているんだ。自分で勝たなきゃダメじゃないか」と私に言われました。指導者になって弟子に勝利を託すのではなく、自分自身がもっと修業しろ、という叱咤激励だったと思います。

②私の娘が2～3歳のころに、澤井先生が道場に大きなアライグマのぬいぐるみをプレゼントとして抱えていらっしゃったことがあります。携帯電話がまだない時代なので、道場のピンク電話から自宅に電話をかけ、家内に娘と一緒に道場に来るように伝えました。澤井先生は短めの木刀を

杖代わりについた、いかにも武道家然とした風貌ですが、道場に入って先生を見た娘がいきなり泣き出してしまったのには困りました。

③当時澤井先生は軽い糖尿病を患っておられ、アルコールは控えていらしたと思います。ところが、自宅に移っての食事の際に私が「先生、ビールを召し上がられますか？」とたずねると「そうだね。」と答えられます。お出しすると量は少ないのですが、おいしそうにお飲みになりました。今思えば、奥様を始めとするご家族には申し訳ないことをしました。

## 5. 澤井先生語録

澤井先生はたとえ話が上手で、ご指導いただく中でうん蓄ある話をたくさん聞かせていただきました。私の記憶に残っている澤井先生のことばを挙げてみます。

①自分から時代や流行を追うな。自分の信じる道をひたすら進んで行けば、いつか時代や流行が自分に追いついてくる時が来る。止まっている時計の針も24時間に1回は必ず正しい時を刻む

ように、必ず自分のやっていることに光が当たる時期が来るものだ。

②さまざまなところで指導を受けたことは、必要・不必要を独りよがりに判断するのでなく、何でも構わずポケットに入れてしまっておけ。何年も経ってからしまっておいたことが役に立ったり、理解ができたりする時が来る。

③池の中でゆっくり泳いでいる魚の群れに、数十個の小石を上からぶつけても、魚は瞬時に動いて小石をかわす。立禅を中心とした太氣拳の修行を通して、あの魚のような素早い反応ができなければいけない。

④「気」によるスピードは通常の筋肉運動によるスピードよりも速いものだ。例えば、真っ赤に焼けたストーブに無意識に触ったときは、あまりの熱さに瞬時に手を引っ込めるだろう。これが、「気」によるスピードだ。

⑤向い合った相手が不意に刃物を出したとき、ビックリして腰が浮き上がるのか、瞬間的に腰が落とせるのか、この差が大きい。武道を修行するものは、不意を突かれても瞬間的に腰が落ち、攻防ができるだけの構えができなくてはならない。

⑥様々な武道をかじっても意味がない。技の種類を誇るのではなく、少なくてもいいから実戦でちゃんと使える技を身につけておかなければならない。

⑦手と腰が上にも下にも、いつも調和していなければならない。そうでないと、相手の攻撃を自由自在に捌くことができない。そのためには、腰の柔軟性が必要だ。

⑧稽古においては気分が大事だ。すべての動作に気分が入っていないといけない。

⑨攻防においては、手首を柔らかく使わなければいけない。

## 6. 澤井先生の試割り

澤井先生からよく伺った次のような試割りの話があります。

「終戦後、日本に引き揚げて一応落ち着いた頃、名古屋のある会社を訪問することになった。いろいろな世間話となり、私が太氣拳の稽古のことなどを話しているうちに、何か見せてほしいということになった。

その晩は旅館に泊まり、翌朝、そこらにある石でも割って見せようと思っていた。ところが、きれいな日本庭園で適当な石がない。とっさに灯篭が目についた。そこで社長に、灯篭の四方に出ている部分を切り落とすことの了解を取った。私は、ゆったりと立禅を行ってから、灯篭に手をかけ、少しずつ手を上げ、一気に打ち下ろした。すると、灯篭が切れたようにスパッと落ちた。」

私が通っていた頃の極真会館総本部道場の1階ロビーに、試割りで割られた大きな石が展示されていました。私は当時の先輩から「この石は澤井先生が割った」と聞かされていました。今回、念のため松井章奎館長と郷田勇三最高顧問に確認したところ、お二人とも「澤井先生が割ったのか、大山倍達総裁が割ったのか、定かではない。」とのことでした。

私は先ほどの灯篭の試割りの話を澤井先生から伺っていたので「こんなに大きな石を割ったのは澤井先生に違いない」と思っていました。澤井先生も大山総裁も亡くなられた今となっては確かめようがありません。

# 第4章　メンタルトレーニングとしての「立禅」

# 第4章　メンタルトレーニングとしての「立禅」

メンタルトレーニングとは、スポーツや武道などにおいて、暗示・イメージや瞑想を用いた、精神の安定・集中を目的とする自己管理トレーニングのことです。

私自身が過去に実践したことのあるメンタルトレーニング法は、自己暗示法・自律訓練法・立禅の三つです。

## 1. 自己暗示法

私が極真会館に入門した当時、主に自己暗示によって目標を達成する、一種の成功哲学関連の翻訳本が書店に並んでいました。『思考は現実化する』(ナポレオン・ヒル著)、『信念の魔術』(C・M・ブリストル著)、『道は開ける』(デール・カーネギー著)などです。

共通する内容は「成功哲学に基づき、自己暗示によって自分の潜在意識に働きかけ、目標を達成する」というものです。

国家試験の受験勉強に臨むに際して、私も自己暗示法を取り入れました。当時は大学に通うのと並行して受験予備校にも通っていました。「次回の模擬試験で何番以内に入る」といったことを紙に書き、それを壁に張っていつも見るようにしました。また、鏡に向かって、同様の暗示を自分自身に対してもつぶやきます。

ところが、実際には予定した成績に届かないことも当然出てきます。そんなことを続けるうちに、第1章でも書きましたが、自律神経失調症に陥ってしまいました。その後は、一切自己暗示法を取り入れるのをやめました。

私の友人の話をします。地方の県立高校の入学前後に『信念の魔術』を読み、高校卒業後に東京の国立大学に進むことを決意します。手製のカードを100枚作り、家中の目につくところに張ったり置いたりしました。3年に進級直後の最初の模擬試験では合格可能性25%だったそうです。それで奮起し、夏休みは11時間、冬休みは18時間勉強し、見事、第一志望の国立大学に現役合格しました。

自己暗示法も素晴らしいメンタルトレーニング法だとは思いますが、私の友人はそれによって成果を得られ、私はそれによってマイナスの結果となりました。やり方の問題もあったのかもしれませんが、要は自分に合っているかどうかだと思います。

## 2. 自律訓練法

『スランプに挑む――「人生の波」を乗り切るために』(長田一臣著　講談社)という本を読んだことがきっかけで、私はスポーツ心理学に興味を持ちました。長田先生は当時日本体育大学教授で、体操の具志堅幸司選手、柔道の古賀稔彦選手・恵本裕子選手らの金メダリストを指導しています。

1996年に極真空手の技術書『最強の極真空手　城西テクニック編』(スキージャーナル)を出版しました。担当の編集者が月刊誌の執筆を通じて長田先生と面識があり、紹介していただきました。

その本の巻末には長田先生と私、弟子の黒澤浩樹(第16回全日本チャンピオン)・田村悦宏(第24回全日本チャンピオン)との特別座談会も載っています。テーマは『闘いに打ち勝つためのメンタルマネジメント』です。

長田先生のメンタルトレーニングの主体は自律訓練法です。自律訓練法とは、注意の集中、自己暗示の練習によって全身の緊張を解き、心と体の状態をうまくコントロールできるようにすることを目ざして工夫された段階的な訓練の方法です。

①一般的な自律訓練法

一般的な自律訓練法は「気持ちが落ちついている」という基本公式を中心に、

(1)両手両足が重たい
(2)両手両足が温かい
(3)心臓が静かに動いている
(4)楽に呼吸をしている
(5)胃のあたりが温かい
(6)額が涼しい

という6段階の公式を一段ずつ進めていきます。

②長田先生の自律訓練法

自己催眠を学問的に最初に体系づけたのは精神医学者のJ・H・シュルツです。シュルツは被験者に催眠中の種々の状態について内省報告を求めました。その報告内容から身体の感じについて共通したものがあることに、長田先生は気づいたそうです。そこから抽出された共通の身体的現象とは、手足の「重さ」「温かさ」「呼吸が楽」ということでした。

そこで長田先生は、その三つの要件を充たせば十分に成立するのではないかと考え、次の三つの訓練に集約されました。点線の後は長田先生が実際に選手へ語り掛けることばです。

(1)呼吸訓練・・・「楽に呼吸をしている。」「吸うときに、太陽・力・エネルギー・光を吸い込む。」「吐くときに不安・恐れ・迷い・ストレス・暗いジメジメしたものを全部吐き出す。」

(2)重感訓練・・・「両手両足が重たい。」

(3)温感訓練・・・「両手両足が温かい。」「両手両足のすみずみまで温かい血液が流れ込んでいく。」「額が涼しい。」

1995年から長田先生に毎月1回私の会社に来ていただき、メンタルトレーニングの講義と自律訓練法による集団指導を受ける機会が得られました。

長田先生の大学研究室にもお邪魔して自律訓練法を個人指導していただいたこともあります。

私は横たわって先生のことばを聞いているうちに、気持ちがよくなってウトウトしてしまい、先生のことばをよく覚えていません。

この点について、長田先生は「訓練中の話を覚えていてはいけないんだ。この訓練は潜在意識に入れるもので、それを試合中に無意識のうちに自然に出させるものだから」と言われていました。

③長田先生語録

長田先生とお付き合いさせていただく中で、たくさんお話を伺いました。いくつか紹介します。

(1)自己を深めるということは心が自己の内面、深奥へと向かうことである。東洋ではそれがヨガとか禅とかいった形で端的に出ている。他と戦う前にまず自己と闘い己に克つという課題がある。自己との対決を要求されるスポーツの場合、この東洋的訓練の形はきわめて重要な意味をもち、重要な手段を提供する。

(2)宗教の修行にも、ひたすら座ることによって自己を深め自己を不動のものとする「座禅」のような静的修行もあれば、「千日回峰行」のように徹底的に肉体を痛めつける動的修行もある。

(3)稽古のときは力みがなく、相手がよく見える、だから楽に構えていろんな技が駆使できる。だが、いざ試合となると緊張感が強く、力みが出てくるので、動きがぎこちなくなってしまう。こういう「上がる」現象は正常な人間なら誰にでも起こることである。「自分に起こっていることは相手にも起こっていることだ」と選手に分からせることが大事である。

(4)心が縮こまるから、体も縮こまるし、技術も縮こまる。だから、メンタルトレーニングの原点は心をおおらかにしていくことだ。

(5)自律訓練法というのは、自己催眠法という意味もあるけれど、自律神経系の訓練という意味も含んでいる。例えば、ヨガの行者は心臓すら一時止めることができると言われたりするが、自律神経系もトレーニングによってかなりコントロールできると言われている。

(6)集中するにはその前提としてリラックスしていなければならない。だからリラックス訓練のことをやかましく言っている。

## 3. メンタルトレーニングとしての「立禅」

①私が立禅を続ける中で、メンタル面での効果が感じられた過去の体験を、箇条書きで挙げてみます。

(1)自律神経失調症が治癒した。
(2)受験勉強や空手の稽古の集中力が増した。
(3)国家試験や空手の全日本選手権において、「上がる」ことなく実力が発揮できた。
(4)講演など人前で話しをする機会に、緊張はするものの、滞りなく話しができた。

②『最強の極真空手　城西テクニック編』の中で「試合に勝つための精神面の3要素」について書

きました。抜粋して紹介します。

『精神面のトレーニングとして必要な要素は、モチベーション（士気、動機づけ）・リラクゼーション（平常心）・コンセントレーション（集中力）の3つがある。

（1）モチベーションとは、「よし、頑張るぞ！」という意識を持つことを意味する。「ロッキー」などの映画を観て感動し、頑張ろうとするのもモチベーションの一種である。また、自分は何のために生きているのか？　何のために戦うのか？　というように哲学的思考によってモチベーションを組み立てる方法もある。

（2）リラクゼーションは、試合に臨んで上がらないためのトレーニングである。「平常心で試合に臨め」といっても、人間は弱い動物であり、なかなかそんな達観した意識で試合場に上ることはできない。そのため、普段からリラクゼーションのためのトレーニングを行っておく必要がある。

（3）コンセントレーションは、集中力を高めることを意味する。試合中、一心不乱に勝つことにこだわり続ける意志を持ち続けることが集中力である。』

①で列挙した、私自身の過去のメンタル面の効果を見てみると、上の（2）リラクゼーションと

(3)コンセントレーションについて言及しているのがほとんどです。つまり、立禅には平常心を保持し、集中力を高める効果があると言えます。

## 4. 自律神経とメンタルトレーニング

人間の神経は、脳や脊髄にある中枢神経と全身にある末梢神経の2つに大きく分けられ、末梢神経には体性神経と自律神経があります。

末梢神経のうち、体性神経は運動機能などに関わっており、私たちが意識的に手や足を動かすことができることからわかるように、「動かそう」という意図によりコントロールできるのが特徴です。対して、多くの内臓器官の機能に関わる自律神経は、「今から胃を動かして消化させよう」と私たちが思ったとしても、自由にコントロールすることはできません。

試合前にリラックスして、心身ともにリフレッシュした方が当然いい結果をもたらします。しかし、試合前にリラックスすることはそう簡単ではありません。

冷や汗や動悸などの生理現象を静めようとするのは、「心臓を止めよ」という命令と同じでできません。この試合は重要な試合だという意識によって、自律神経が無意識のうちに活性化してしまうからです。「緊張しないようにしよう」と意識的に対処するともっと悪くなります。

前記のように長田先生は、自律神経系も自律訓練法によってかなりコントロールできると言われていました。

立禅も自律訓練法と同様に自律神経系の訓練にもなると思います。だから、私の自律神経失調症の治癒にも寄与したのではないでしょうか。

# 第5章　「立禅」の武道的側面と養生的側面

# 第5章　「立禅」の武道的側面と養生的側面

本章では「立禅」について、その武道的側面と養生的側面に分けて考えてみたいと思います。武道的側面とは、立禅が武道、特に私の場合はフルコンタクト空手にどう役立つか、ということです。また、養生的側面とは、立禅が病気やケガの予防や治癒にどう役立つか、ということです。

## 1.「立禅」の武道的側面

私が立禅を空手の稽古の一環として取り入れたのは１９７５年ですから、45年が経ちます。

１９８２年の第14回全日本大会出場を最後に競技選手としては引退しましたが、生涯武道鍛錬のために、その後も日課として立禅を行ってきました。

１９７８年に支部長となってからは選手にも立禅を指導してきました。極真空手の競技選手にとっての立禅の効用は以下の通りです。

①反応速度の向上

第2章でも書きましたが、立禅を行う際に「争力」という概念が重要です。「争力」とは文字通り「争う力」です。

「撑抱式」に例を取ります。撑抱式では(1)両ひじは斜め下に引っ張られる、(2)両手指先はお互いに引き合う、(3)両手首は外側に引かれる(両手でボールを抱えているイメージで、ボールが落ちそうになったら、瞬間的に内側に押さえる)、(4)両膝は外側に引かれる、(5)両腿の筋肉は内側へ螺旋状に巻き付く、(6)首は上に伸びる、(7)胴体部分は下に伸びる、というふうに微妙な力のバランスの中で立っています。

ですから、ただ静止しているわけではありません。フリーキックに備えるサッカーのゴールキーパーや、打者のバッティングに備える野球の内野手の状態によく似ています。相手のボールは上下・左右・前後のどこに飛んでくるかわからないので、静止して立ってはいますが、ただボーっと立っているわけではありません。実はきわめて動的な要素を含んだ静止なのです。このことが反応速度の向上につながるのだと思います。

『意拳・大成拳創始人　王薌齋伝』(孫立編著　ベースボールマガジン社)の中に、王先生が争力について書かれた、次のような文章が載っています。

『人体の内力は、すなわち「四如※」の状態におかれた体全体の筋肉の矛盾力であって、これを私は「渾元※※の争力」と呼んでいる。』(意拳論その一)

※四如・・・『練習に際しては、いかなる場合でも「体が鋳物の如く、体に鉛を注いだが如く、筋肉が一塊の如く、毛髪が戟の如く」の感覚を失ってはならない。』(意拳論その一)

※※渾元・・・『自然の気、宇宙の気』(中日大辞典)

『力の争いは至るところ存在する。四肢百骸、大小の関節など力が争っていない部分はない。虚実、弛緩と緊張とは、実際には力が争っていることである。争わなければ力は出せない。宇宙のなかで力の争いがないところはなく、総じていえば、つまり「渾元の争力」である』(意拳論その二)

②威力の増大

王先生が「争わなければ力は出せない」と書かれているように、「争力」の感覚がつかめるようになると、攻撃の威力は増大します。

同じく王先生の言う「四如」の「筋肉が一塊の如く」の感覚が分かると、突きでも蹴りでも手足の一部の筋肉によるのではなく、体全体の筋肉を使って出せるようになり、その威力は増してきます。

また、「立禅」の目的の一つに、太古の人類が持っていた動物的能力を取り戻すことがあります。一般に「火事場の馬鹿力」と呼ばれるような力もその一種です。一部でもそのような力を得ることができれば、攻撃の威力はさらに増大します。

③「構えの腰」の養成

立禅を長期間継続することによって、柔らかくて粘りのある「構えの腰」が養成されます。相手に押されたり引かれたりして崩されることは、格闘技においては致命的です。攻防のどんな状況においても相手に崩されないためには、対抗できるだけの柔らかさと粘りを持った「構えの腰」は必須です。

④上段のガードの強化

空手の試合では相手の顔面攻撃をもらってしまうことは、即、勝敗に直結します。したがって試合時間中、手による顔面ガードを上げ続けることが重要になります。

撑抱式を中心とした立禅は両手を上げ続けることにより、肩や腕の筋持久力トレーニングになり、結果として上段のガードの強化につながります。

⑤ケガの予防

立禅には手足を含めた体全体の遅筋を鍛錬する効果があると私は考えています。2②で紹介するように、立禅による遅筋の強化はケガの予防にも寄与します。

## 2.「立禅」の養生的側面

立禅を継続することによって、人間が本来持っている自然治癒力が高まります。

①私の養生体験

立禅を生活に取り入れたことによって、私の自律神経失調症が治癒したことは第1章で紹介しました。

また、私は子どものころからの慢性鼻炎で、季節の変わり目にはいつも鼻かぜを引いていました。数年前から日々の立禅の時間を1時間超に伸ばしました。不思議なことに、あれだけ引いていた鼻かぜを全く引かなくなりました。立禅の時間を延ばしたことにより、自然治癒力がさらに高まったのだと思います。

私は約10年弱の競技選手時代も含め、空手の練習や試合でケガをしたことがほとんどありません。選手時代は速筋を鍛えるウェイトトレーニングにも力を入れましたが、立禅も並行して行っていたため、遅筋が鍛えられ、ケガの予防になったのだと思います。

②遅筋と速筋

筋肉は、瞬発力のある筋肉「速筋」と、持久力がある筋肉「遅筋」とからなります。速筋は、すばやく収縮する瞬発力のある、白くて太い大きな筋肉で、疲れやすい特徴があります。

速筋は内部に糖質を含んでいるので、酸素が送り込まれなくても糖質を分解して収縮などのリアクションを起こすことができるのです。つまり、速筋は糖質をエネルギー源とするため、素早い動きが可能になるのです。鍛えることで太い筋肉になるのも速筋です。

また、速筋は糖質をエネルギー源とするため乳酸がたまりやすくて疲れやすく、筋肉痛の原因にもなりやすいことが知られています。

これに対して遅筋は、ゆっくりと収縮する見た目の赤い小さな筋肉です。筋肉痛を起こしにくく、疲れにくい特徴があります。乳酸は、糖質(主にブドウ糖)から手っ取り早くエネルギーを取り出すときに出てくる副産物ですが、脂肪酸からエネルギーを取り出せば、乳酸はできません。

脂肪酸とは要するに脂肪のことで、体は余ったエネルギーを細胞の中に脂肪酸として蓄えています。遅筋は脂肪酸を利用している筋肉で、乳酸が発生して凝って硬くなってしまうことがありません。ただし、脂肪酸からエネルギーを取り出すには時間がかかりますので、早い動きには対応できません。でも、遅筋に瞬発力がまったくないわけではなく、速筋に比べると瞬発力が劣るというだけです。

そのほかにも、遅筋は小ささを補うために、筋肉を構成する1本1本の筋繊維が特殊な形状をしていて、遅筋の部分は速筋より筋繊維の量が多い構成になっています。その結果、遅筋は速筋に比べて柔軟性があるので、遅筋を中心に使うトレーニングやスポーツはケガもしにくいのです。

また、特別な筋肉を除けば、遅筋と速筋は一つの筋肉の中に混ざりあっています。心臓や肺や腸を休みなく動かす内臓筋には遅筋が多いほうが有利ですが、速い動きが要求される手足を動かす筋肉には速筋が多いほうが有利です。

③王薌齋先生の健身椿

(1)『新版　意拳入門』(孫立著　ベースボールマガジン社)の巻末に「健身椿(健身つまり養生のための立禅)」についての王薌齋先生の文章が掲載されています。抜粋して紹介します。

『わたしは幼いとき病気ばかりしており薬も効かず、武術の有名な郭雲深先生に弟子入りし、

健身の術を学んだ。（中略）

わたしはいつも多くの師友に恵まれ、各々の長所を学び切磋琢磨すること数十年の研究をして身につけたものに、中国伝統の古典『黄帝・内経』の理論をむすびつけ、それを拳学の基本功夫にも健身術にも使えるものにしたのである。この功夫はその姿勢から、歩く、座る、横になる、いずれにも使える功であるが、站樁を主にするところから〝健身樁〟という。

わたしは五十余年の実践経験で健身樁が健康・病気予防に効果をもつだけでなく、慢性病にも効いて多くの人が薬を必要としなくなる治療作用もあることを認めている。

健身樁は一種の学問でありまた医療体育運動である。この種の健身運動をする人は年齢・性別、また身体の強弱に関係なく、また病気のある人は治療に、病気のない人は予防に効果がある。運動時には姿勢に細々と気をとらわれることなく、式の前後の順序や煩雑なきまりに注意せずに行える。この功は主に大脳に十分な休息を与えることができ肢体に適当な鍛錬を与えることができる。つまり静中に動がうまれ動中に静を求めるのである。

この種の運動エネルギーは神経系統機能を調整し、血液循環を促進し、体内燃焼を発揮させ、さらに各種系統の新陳代謝作用を強めることができる。そのために人体各器官組織の機能を調整・回復し、強めることができ、健康と疾病治療に顕著な効果を現す。わたしの五十年来の実践では練功者の90数パーセントに効果があった。また健身椿は人体の吸収と排泄作用を強めることができる。』

（2）『意拳・大成拳創始人　王薌齋伝』の中にも站椿（立禅）について王薌齋先生が書かれた次のような文章が載っています。

『站椿は、ただ立っているだけで動作はないが、実際には体内の筋肉や細胞は運動を始めており、体内の筋肉、細胞の発展、正常な血液循環を目的としている。すなわち外形の変動や動作を探求するのではなく、体の内部を活性化した状態にして、体内の各器官をバランスよく発展させ、心臓が拡張したあとの、病的な症状の減少をめざしている。拳学の運動は大きな動きは小さな動きにおよばず、小さな動きは動かないことにおよばないとする。』（習拳一得）

# 第6章　王薌齋先生と意拳

# 第6章　王薌齋先生と意拳

## 1．王薌齋先生の略歴

『実戦中国武術　意拳入門』（孫立著　ベースボールマガジン社）の中で王先生の略歴が次のように書かれています。

『王薌齋先生は1886年11月24日、中国直隷省（現在の河北省）深州魏家村に生まれた。号は「宇僧」名は「薌齋」である。少年時代の王薌齋先生は、身体が弱くて病気がちであったため勉学を止めて、武術を始めたといわれている。8歳のときより「半歩崩拳をもって中国に敵なし」として知られた郭雲深先生の門人になって形意拳を習い始めた。彼は刻苦して鍛錬し、その勤勉さによってしっかりした拳法理論と郭雲深先生の拳学の趣旨を身につけた。郭先生は死に臨んで、「私は一生のあいだに大勢の弟子を教えたが、本当に衣鉢を伝えられるのはただ薌齋一人だけだ」といったのであった。

王薌齋先生は終生その力を拳法に捧げた。郭雲深先生が亡くなってから、拳法の各流派の見解にこだわらないことを強く考え、すでにその技量は高い域に達していたが、向上心はさらに旺盛で広大な中国の各地を巡り、良き師と良き友を求め、約20年間一万キロ、各地の武術名手千人余りを訪ねた。その間、王薌齋先生は多くの名手と手合わせし、互いに話しあい技術研究をした。その中から貴重な経験を得、ついに中国武術の真髄を知り得たのである。

その後、さらに各拳術を全面的に研究し、研鑽をかさね、道教、仏教、内家拳、外家拳の精髄をとって、自身の拳術に注ぎ、1920年代の半ばに「意拳」という新しい拳法を創始した。また武術界の仲間から「大成拳」という名称を贈られた。これは各門派の拳法から〝集成した〟という意味である。

王薌齋先生は1963年7月12日に逝去された。それまで多くの門人がいたが、最も有名なのは北京の姚宗勛先生、王薌齋先生の娘の王玉芳先生、上海の尤彭熙先生、天津の趙道新先生などである。』

私が指導を受けた澤井健一先生は王薌齋先生の直弟子で、孫立先生は姚宗勛先生の弟子ですから王先生の孫弟子に当たります。

王先生は１９６５年から始まる文化大革命の２年前、享年77歳で逝去されました。私は１９５３年12月生まれですから、私が９歳の頃までご存命だったわけです。私にとって王先生は、澤井先生から逸話を伺った伝説の人物なので、ちょっと不思議な感じがします。

## 2. 澤井健一先生と王薌齋先生の出会い

王先生に師事することになったいきさつと、王先生とのやり取りについて、澤井先生から次のように伺いました。

「ある時、中国人の友人から、「自分の息子を、王先生という偉い拳法家に弟子入りさせようと思っている」という話を聞いた。どうせ、たいした先生ではないだろうと思い、身体の大きい彼の息子に柔道でもやらせてみないかと誘ったところ、「いや、中国にはとてつもない名人がいて、その人は国手と呼ばれている」と言う。その先生に興味がわき、私もついていった。

先生に弟子入りするのは非常に難しく、入門希望者が来るとその場に放っておくだけであり、見よう見まねで兄弟子について稽古しなければならなかった。

私も初めは内弟子たちとだけ顔を合わせ、先生と直接会う機会は得られなかった。王先生に直接教えてもらえるまで、王先生の高弟に預けられ、そこで立禅をしばらくさせられた。ナツメの木の下で各人立禅を組むのが、毎日の稽古の始まりだった。

王先生は、身体は小さい方で、おでこが出ていた。歩く時はアヒルが歩くように尻が出て、重厚な感じを与えた。目は非常に鋭く、息を飲み込むような「ひいっ」という気合いを発した。

私は幸いに外国人であったために、いろいろぶしつけな質問や行動もできた。

先生と出会った頃、私は柔道五段であったので少しは腕に自信があった。まず、先生にお相手願う機会を得ると、私は先生の手を取りにいって技をかけようとしたが、そのつどはね飛ばされた。

そこで、先生にお願いし、つかみ合った状態でお相手をしていただくことになった。私は先生の左袖と右襟を取り、投げに行き、失敗した場合は寝技に持ち込めばよいと考えていた。しかし、「いいか」「はい」で始まった瞬間、私の右手は完全に殺されて突き飛ばされていた。

そして突き飛ばされる際、心臓の上を打たれた。勿論、軽くではあったが、ピリッと刺すような、心臓が揺れるような変な痛さで恐ろしくなった。

今度は剣道でと思い、棒で先生目がけて打ち込んでいった。しかし、これも先生の持つ短い棒で払われ、ついに一本も取ることができなかった。「剣も棒もすべて手の延長なのだ」とよく王先生は言われていた。」

## 3. 王薌齋先生の逸話

以下は澤井先生から直接伺った王薌齋先生の逸話です。

①王先生は、決して一定の、静止した構えをしなかった。絶えずゆっくりと手を回していた。その中に攻撃の手が入ると、ぱっとはねられ、飛ばされる。その手の回し方は、構えといえば構えであろうが、動きといえば動きである。それも、腰を中心とした無駄のない、ゆっくりとした動きだった。

②王先生は、相手が攻撃してくる拳を必ず腕の内側でたぐり寄せた。内側で迎えておいて手首を巻きつけ、そこから一気にはねかえす。その瞬間的な勢いでたぐられた自分の腕で、自分の顔をいやというほど打ちつけられる。その技にかかるまいと思っても、相手の顔面を攻撃しないことには、

倒すことができないので、フェイントをかけたり、上下に揺さぶりをかけて攻撃してみても、うまく腕をたぐられてしまう。相撲でいえば、絶妙な前捌きだった。

③王先生の腰は這（摩擦歩）でどうにもならないほどしっかりしていた。それでいて変化は速い。身体は私より小さかったけれども、その威力たるや大変なものであった。

④私は王先生に拳を木などに打ちつけて鍛える方法について質問したことがある。先生はそんな稽古をする必要はないと言われた。気というものが身体中に充満し、自分のどの部分にも発揮できるようになれば、その気の力は拳を鍛えた正拳よりも強力になると言うのだった。

⑤王先生は、水田の中で足首まで泥に埋めながら這（摩擦歩）を一時間以上も稽古していた。これは、足腰をただ強くするだけでなく、拳法に使用できる足腰を作り出していたのだ。

⑥先生は当時北京の中南海に住んでいて、普通の人とは別格扱いを受けていた。先生の部屋に

は柔道や剣道の本があり、日本の武術についてかなり知識を持っておられた。

⑦王先生の腕はか細く、皮と肉がまるで骨に垂れ下がっているようだった。ところが、触れたり当たったりすると、まるで木でできたワクを押しているような感じがした。それは、硬いというよりもむしろ何か得体のしれない変な感じだった。

⑧王先生から「あなたに気の力を何百回、何千回説明してもわかりはしないだろう。しかし、あなたは私と立ち会って、その威力は知っている。それは自分の力だけでしか得られないものだ。」と言われた。

⑨王先生は常々「拳の練功には一本気とやや狂気じみた気質がなければならない。」と言われていた。

## 4. 王薌齋先生の弟子を思う気持ち

澤井先生が、王先生のもとを離れ日本に帰国したときのことについても、次のように伺ったことがあります。

「昭和20年8月15日、日本は敗戦国となった。

一家で自殺することさえ考え、何度か妻と話し合い、実行する気持ちにもなっていた。ある日、王先生が訪ねて来られた。先生は戦争のこと、日本人のことをいろいろ話してくださった。

先生は、これから私がしようとしていたことを見透かしてでもいるかのように「間違っても死ぬような考えを起こさないように。」と何度も忠告して帰られた。

王先生の突然の訪問がなければ、今日の自分も家族もなかったであろう。戦争という人間同士のみにくい争いの中で、王薌齋先生というりっぱな先生にかわいがられただけで幸せだった。」

第3章で書きましたが、私が弟子の大西靖人と共に代田橋道場で個人指導を受けた後、自宅での食事の席で、澤井先生から実体験としての戦争の悲惨さをよく伺っていました。それだけに、戦争相手である中国人の王薌齋先生から受けた温情が、澤井先生にとっては何よりもありがたかったのだと思います。

# 第7章　練丹

# 第7章　練丹

## 1. 立禅の生理的な境地

第1章でも紹介しましたが、『意拳・大成拳創始人　王薌齋先生伝』（孫立編著　ベースボールマガジン社）の中の『意拳論』で王先生は『立禅の生理的な境地』を次のように書かれています。

『百日持続すれば感じるものがある。三、四年堅持すれば四肢に膨張感を感じ、手足が温かくなり、鉛が注いだような感覚が持てるようになる。四肢の陰面（前側）は比較的に早く感じ、陽面（後ろ側）が感じるようになるのは比較的に難しく、時間もかかる。四肢の陰陽両面にすべて鉛が注がれたような感覚があれば、効果が期待でき、そうした境地に到達すれば功を学び始めてもよい。』

この後『五、六年持続すれば〜』『十年前後持続すれば〜』と続きます。私は1975年以来、立禅を日課としてきましたが、その生理的な境地がなかなか体感できませんでした。

## 2. 周天の転輪

立禅を始めたころ、ある先輩から道教の修行法である仙道の書籍『現代に生きる仙道』・『仙道による心身の改革』（ともに小野田大蔵著　白揚社）を勧められました。また、その後も『仙人入門』・『仙人になる法』（ともに高藤聡一郎著　大陸書房）などを読んでいました。

「気」に関する記述は興味深く読んだものの、「内丹法」や「周天法」などに関しては、そんな修行法もあるのだな、といった程度で済ませていました。

数年前から王先生の言われる生理的な境地を何とか体感してみたい、と思うようになってきました。そこで、『意拳・大成拳創始人　王薌齋先生伝』をもう一度読み返したところ、王先生が書かれた「意拳正軌」の中に次のような文章を見つけました。

『後天をもって先天を補う術は、つまり周天の転輪である。およそ周天の学は、習い始めは鼻から清気を吸って、気海（丹田）へと引き込み、気海から尾骨を通して腰にまわす。左右の腎は腰に位置し、まことに天下第一であり、諸臓の根源である。腎水が足ると督脈に上昇して丸宮（眉間）に至り、鼻にもどり、舌を使って腎の気を受けてから下ろし、下腹を充実させ、次第に丹田に入れる。これは即ち周天の要義であり、周天の秘訣と命名されている。学ぶものはこれを軽視してはならない。』

これを読んだことを機に「内丹法」や「周天法」にチャレンジしてみようと考えるようになりました。

## 3. 指導者探し

最初にやるべきことは、指導者を見つけることでした。中国拳法の解説書で適当な内容のものを探し、その著者に指導を受けることを考えました。さまざまな書籍を読んでみましたが、私の知る限り適当な内容のものを見つけることは困難でした。

仕方なく、気功、道教、仙道、クンダリーニ・ヨガなどの文献を読み始めました。読み進めると、何人かの著者が「修行に行き詰って、内外の古典にまでさかのぼって研究した。」と書かれているのに出会いました。

そこで、私も書籍を頼りに試行錯誤しながら独習することに決めました。過去に中国語を勉強したことがあり、中国語の本もある程度は読むことができたので助かりました。

## 4. 練丹法

文字通り解釈すれば、練丹法とは丹薬を練成する方法のことです。丹薬とは、狭い意味では丹砂（天然の硫化水銀）をもとにしてつくった不老不死の薬物をいいますが、広い意味では金属・鉱物・植物からつくった不老長生のための薬物全般を指します。

この丹薬を練成する技術を錬金術ともいいますが、丹薬を服用し水銀中毒などで死ぬ人も出たりして、やがては下火になりました。

その後は体内で不老不死の薬をつくる技術が、道教の修行法である仙道で行われるようになります。これが練丹術です。人間の体内で内気（精）を精練して薬（丹）をつくり不老長生を目指すわけです。

錬金術は外界で産出する金属・鉱物・植物を原料として不老不死の薬（丹）をつくる技術です。だからこれを「外丹法」といいます。これに対して練丹術は体内で丹をつくる技術ですから「内丹法」といいます。

## 5. 内丹法

4. で書いたように内丹法とは、体内の気(精)を修練することにより自らの内に不老不死の薬(丹)を作り上げる技法です。仙道にはいくつかの派があり、内丹法の内容もそれぞれの派により説明が若干異なります。

内丹法について、私なりの解釈は以下のようです。

人間は神(しん)・気・精の三つの要素から構成されています。その人間が生まれてくる過程は、宇宙の根源状態を指す「道」にほぼ同じ意味である「虚」から、虚↓神↓気↓精となります。

内丹法では、これを精↓気↓神↓虚(道)と逆行し、最終的には虚(道)に復帰することを目指します。段階的には、練精化気、練気化神、練神還虚の三過程に分けます。

①練精化気(精↓気　精を練り気に化す)

練精化気とは、身体内、特に下丹田で精(陽気)を練成して丹をつくる過程で、「練丹」ともいいます。

具体的には、まず呼吸（武息）と意識を使って下丹田に熱を発生させます。始めの頃は少し暖かくなる程度ですが、毎日繰り返し行っているとだんだん熱くなってきますから、これを集めて熱の塊をつくります。言ってみれば、練丹法の種火をつくるのです。この種火が丹です。

丹ができるまでの期間の目安として、よく「築基百日」といわれます。丹の発生までに、修行と併せて百日間の禁欲節制が必要だというわけです。

②練気化神（気→神　気を練り神に化す）

練気化神とは、①の練精化気でつくった丹を上半身の背部の内側にある督脈（とくみゃく）と上半身の前部の内側にある任脈（にんみゃく）を一周させる過程で、「還丹」ともいいます。これによって、下丹田で練成してつくった丹を神（陽神）に育て上げます。

還丹には「玉液還丹」と「金液還丹」の二段階があり、玉液還丹のことを「小周天」、金液還丹のことを「大周天」とよびます。この二段階を経ることによって丹が神に成長するのです。

③練神還虚（神→虚　神を練り虚に還る）

練神還虚とは精→気→神の過程が完了した後、心の上での修練で虚無に還る過程です。これが完成できれば、「道（虚）」への復帰・合一が成就したとされます。つまり、人間を生み出した宇宙の根源状態である「道（虚）」へと戻るわけです。

## 6. 武息と文息

練丹のための呼吸法として「武息」と「文息」があります。武息と文息はお互い対になる、仙道では大変重要な呼吸法です。

①武息

鼻から、息を5つ数えながら吸っていき、それに伴って下腹をふくらませ、肛門の括約筋をしめ上げます。吸気を意識で下腹に送り込むようにします。

次は息を止め、下腹・肛門の緊張状態をそのままにして、心の中で5つ数えながら下腹に意識を向けます。

また5つ数えながら、下腹をへこませ、肛門の括約筋をゆるめながら鼻から吐いていきます。武息を行う場合は、はじめは吸気5・停気5・呼気5ぐらいの割合でやっていき、慣れてきたら、徐々に10・10・10のように長くしていきます。

②文息

まったく意識を使わない呼吸法で、下腹の緊張も肛門の括約筋のしめ上げも行いません。静かに吸う・吐くを繰り返します。

下腹は、吸う・吐くに伴って前後に軽く動きますが、緊張状態にあってはいけません。瞑想などで、心身ともにリラックスしたときに行うゆったりした腹式呼吸です。小周天で温養をする際にはこの文息を用いますが、それについては次章で説明します。

# 7. 私の立禅環境

①時間

以前は毎日15〜30分立禅を行っていましたが、その中で下丹田が暖かくなって熱を持ってくるという実感がなかったので、練丹トレーニング開始後は1時間の立禅を毎日の日課とするようにしました。

②時刻

通常、毎日午前6時前後に行っています。朝起きたらトイレに行ってから歯を磨き、その後立禅というスケジュールです。立禅の後、試力と摩擦歩を行います。最後に10分程度股関節のストレッチを行って日課は終了です。

③場所

私は以前から自宅（室内）で立禅を行っています。室温調節・採光調節がしやすいことが一番の理由です。一年を通してほぼ同じ環境で立禅ができることが私の理想です。もちろん旅行・出張中も立禅を行いますが、環境が違うので若干の不自由さを感じることもあります。

1975年に初めて立禅の指導を受けた直後、自宅近くの公園で行ったこともあります。木陰のなるべく人目につかないところで立っていましたが、子供連れの方が不思議そうに近寄ってこられ、気が散って集中できなかった記憶があります。それ以来ずっと室内派です。

④服装と室温

服装は一年を通して短パンだけ(上半身は裸)の超軽装です。練丹トレーニングを始めてから身体がポカポカするようになりましたが、冬の間は暖房を付けて行っています。夏もなるべく窓を開けて済ますようにしていますが、8月中は冷房を弱めにかけています。送風が直撃しないよう、風向調節は必要です。

⑤採光

壁掛け式の時計がぼんやり見える程度の明るさにしています。室温調節と採光調節のためにカーテンは閉めて行っています。

## 8. 私の練丹体験

私の練丹トレーニングは、撑抱式で立ち、丹田に意識を向けながら、最初は吸気5・停気5・呼気5の割合で行うことからスタートしました。その後10・10・10、10・10・15・10と徐々に長くしていきました。1～2か月すると丹田のあたりが温かく感じられるようになってきました。それからしばらくして、ある朝、立禅を行っていると、会陰(睾丸のつけ根と肛門の間)のあたりにニュルニュルっと這うような感覚が鮮明に感じられる瞬間がありました。これが私の練丹のスタートでした。

私の場合、意識を向けていた丹田よりも会陰の感覚のほうが鮮明だったので不思議でした。仙道では、意識を向ける場所として、若い男性や精力のある男性は丹田、老年の男性や体の弱い男性は会陰、という考え方もあるようです。

一般的には丹田に意識を向けるとよいといわれますが、人によっては、丹田よりも会陰に意識を向けた方が熱が発生しやすいのだと思います。

これは内丹法や周天法全般に言えることですが、呼吸法・一呼吸の長さ・意識を向ける場所・トレーニング全体の時間など、それぞれ各自の個性・修行段階に合わせて微調整が必要です。私の内丹法や周天法は、自分自身の身体の状況・反応を正確・敏感に感じ取り、それに合わせて修正を重ねていくことで進めてきました。身体の声を聴いて微調整する、そのような感覚を持つことが大切だと考えています。

# 第8章　小周天

# 第8章　小周天

## 1. 気脈

人体内の「気」の通り道のことを「気脈」といいますが、東洋医学ではこれを「経絡」と呼んでいます。「経絡」の「経」は主線で、「絡」はそれを連結するバイパスにあたります。気脈には、12の経と15の絡、およびそれから派生する細かい気脈があり、これを「正経」もしくは「十二正経」といいます。

また、この他に出生後は使われていない気脈があり、これを「奇経」といいます。「奇経」には8つのルートがあるので、それを「奇経八脈」と呼んでいます。

道教の修行法である仙道では、使われていない「奇経八脈」を再び開通させることによって、人間の生命活動をより活性化させようとします。

## 2. 奇経八脈

奇経八脈とは、具体的には督脈、任脈、衝脈、帯脈、陽蹻、陰蹻、陽維、陰維の8つです。

①督脈…上半身の背部の内側にある気脈です。会陰から尾骨を通り、脊柱に沿って延髄から頭頂に達し、ここから前額部を通り上顎に至ります。

②任脈…上半身の前部の内側にある気脈です。下顎から喉、胸、腹と身体の前面を縦走し、会陰で督脈と連結します。

③衝脈…任脈の後方（内側）を縦に通る気脈です。

④帯脈…ヘソと、その真後ろにある命門のツボを結んで帯状に一周する気脈です。

⑤陽蹻…両脚の外側を通る気脈です。

⑥陰蹻…両脚の内側を通る気脈です。

⑦陽維…両腕の外側を通る気脈です。

⑧陰維…両腕の内側を通る気脈です。

周天法により督脈・任脈の2脈が開通できれば、他の6脈は自然に開通するといわれています。

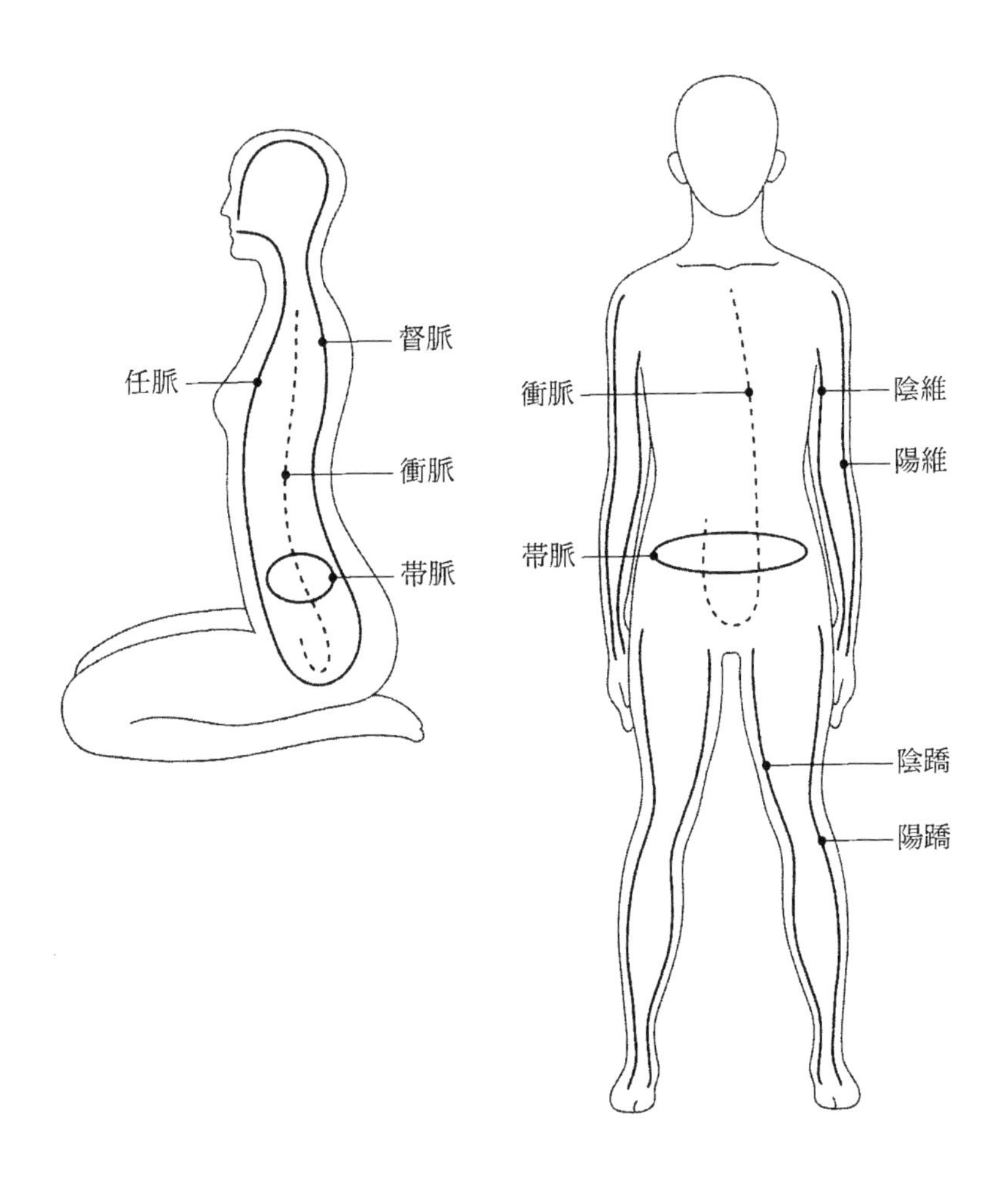
督脈
任脈
衝脈
帯脈
衝脈
陰維
陽維
帯脈
陰蹻
陽蹻

# 3. 竅

督脈と任脈が周天法の陽火（内丹法でつくった種火＝丹）の通り道となります。しかし、督脈と任脈は長年使われていないために閉鎖しています。そのため、そのままの状態では陽火の通路として役に立ちません。

督脈、任脈上に竹の節のような「竅（きょう）」があり、その竅が閉塞され通行止めとなっているからです。だいたい、性エネルギーの発生が盛んになる頃（11～13歳くらい）までにはふさがってしまうそうです。だから督脈・任脈に陽火を通すためには、どうしても竅を開放しなければなりません。

竅を陽気の通る順序からいっていくと、まず督脈には、尾骶骨の「尾閭」・背中の「夾脊」・首の後ろ（ぼんのくぼ）のところにある「玉沈」・頭のてっぺんの百会というツボの下にある「泥丸」・眉の間の「印堂」などがあります。

任脈には、胸の両乳の中間にある「壇中」・ヘソとみぞおちの間にある「黄庭」・ヘソの下にある「丹田」・睾丸と肛門の中間にある「会陰」などがあります。

## 4. 進陽火と退陰符

陽火を督脈から任脈へと一周させる小周天において、内丹法でつくった陽火を会陰から頭頂の泥丸まで上げる行程を、「進陽火」と呼びます。

陽火が泥丸に入ると今までの熱感が涼感に変化するので、それ以後は陽火といわずに「陰符」といいます。陰符とは、水につけたお札(ふだ)のことです。そして、泥丸から丹田まで陽気をおろす行程を「退陰符」と呼んでいます。

進陽火は任脈の会陰からスタートし、督脈の尾閭から泥丸までが通り道となります。一方、退陰符は督脈の泥丸からスタートし、同じく督脈の印堂・任脈の壇中を経て丹田まで下りるコースです。

進陽火では、吸長・吐短の武息を用います。たとえば、いつもやっているのが吸気10・停気15・呼気10なら→15・15・10のようにするわけです。

退陰符では、進陽火とは反対の吸短・吐長の武息を使います。たとえば、10・15・15のようにします。

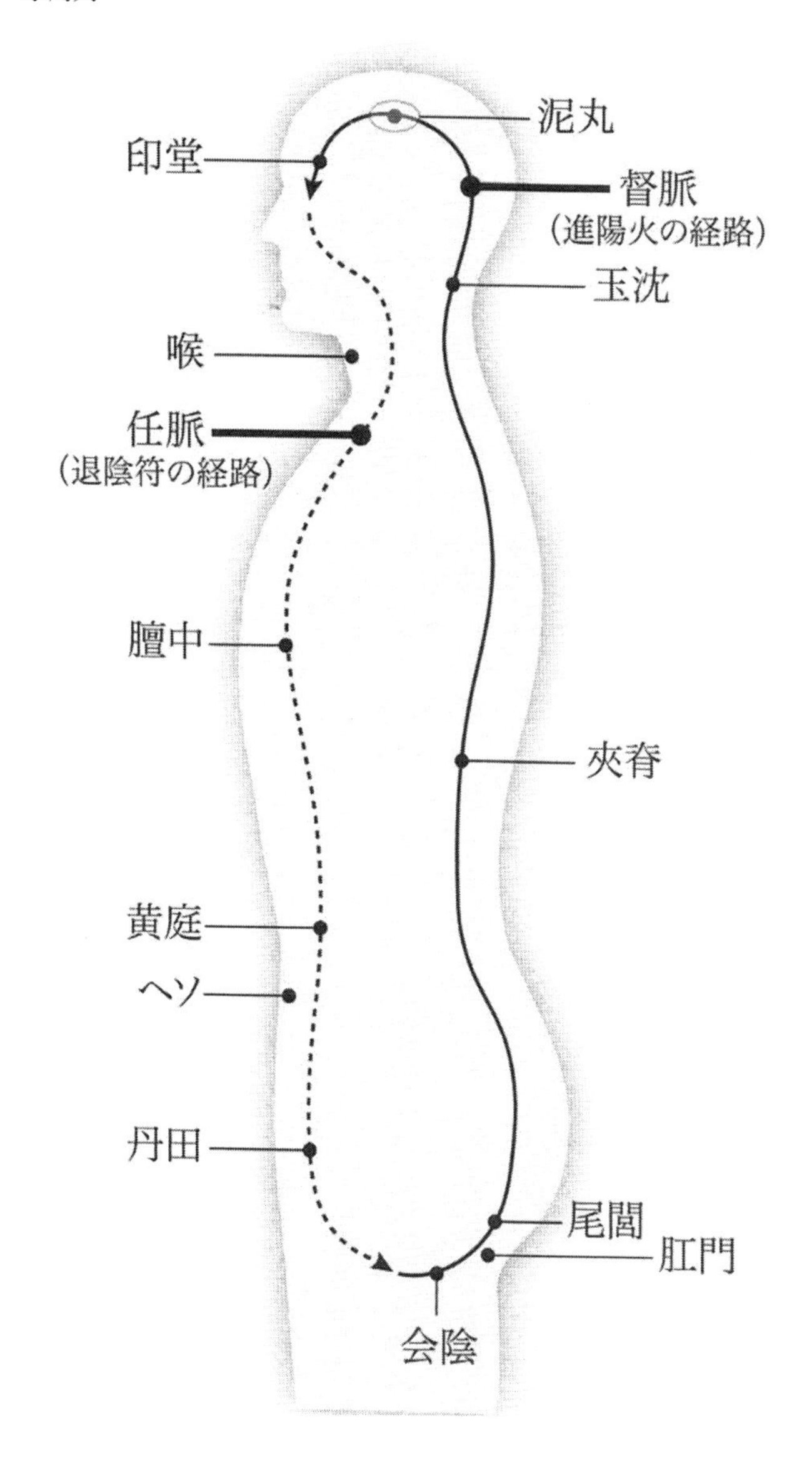
泥丸
印堂
督脈
（進陽火の経路）
玉沈
喉
任脈
（退陰符の経路）
膻中
夾脊
黄庭
ヘソ
丹田
尾閭
肛門
会陰

## 5. 私の小周天体験

私の小周天体験を進陽火・退陰符の主要なポイントごとに書くと次のようです。

(1)進陽火

①会陰

撑抱式での練丹トレーニングを毎日繰り返すうちに会陰のニュルニュル感が強まってきます。会陰に意識を向け、吸長・吐短の武息を15・15・10→15・20・10のように、徐々に長くしていきました。

②肛門

何日かすると、肛門が熱くなるのを感じるようになります。今度は、同様に肛門に意識を向け、武息を行いました。

③尾閭

2～3日それを続けると、陽火が尾骶骨の尾閭へと動きます。私の場合は何かスースーする感じになりました。ここでも尾閭に意識を向け、武息を行います。

④夾脊

やがて、尾閭から背中の夾脊にかけて陽火が線状に上がっていきます。先ほどのスースーした感じから熱い感じへと温感が変化しました。夾脊から上に陽火を上げるのは若干苦労します。そこで、武息を15・30・10ぐらいまで長くしてみました。

⑤夾脊での温養

夾脊に陽火が上がってきたら、しばらく夾脊にとどめて、温養ということをします。今までの意識の集中とまったく同じですが、もう少し意識の集中を軽くするのと、呼吸を武息でなく文息(まったく意識を使わない腹式呼吸のことで、下腹の緊張も肛門の括約筋のしめ上げも行いません)で行う点が違います。

⑥玉沈

1週間ほどするとようやく陽火が首の後ろのへこんだ部分(ぼんのくぼ)にある玉沈に上がります。押されるような圧力感があります。ここを通過するのにも時間がかかりました。玉沈に意識を向け、武息を行います。

⑦泥丸

やはり1週間ほどして、後頭部を虫が這っていくようなムズムズした感じがし始め、やがて頭頂下の泥丸に陽火が上がっていきます。この時は、髪の毛が逆立つような、頭上に向かって空気が流れるような、涼しさを感じるようなスースー感がありました。

⑧泥丸での温養

泥丸まで陽火が上がってきたら、しばらく泥丸にとどめて、文息で温養をします。

(2)退陰符

①印堂

丹田から上げた陰符(陽火)を泥丸で温養することを1週間ほど繰り返しているうちに、眉間の印堂あたりが何かムズムズする感じがし始めます。押されるような圧力感もあります。今度は印堂に意識を向け、吸短・吐長の武息を10・15・15→10・15・20と徐々に長く行いました。

②喉
数日すると喉に陰符(陽火)が下りてきました。圧力感を感じます。喉に意識を向け、武息を行います。

③壇中
しばらくすると、胸の壇中にやはり押されるような圧力感を感じます。陽気が背中側を上がる進陽火に比べると、眉間→喉→壇中と飛び飛びに下りていく感じです。

④壇中での温養
壇中でも夾脊・泥丸のときと同じように、しばらくの間、文息で温養をします。

⑤黄庭

壇中に意識を向け、温養を行っていると、圧力感が黄庭に移動します。ここでも黄庭に意識を向け、武息を行います。

⑥丹田

数日で陰符(陽火)が丹田に移動します。今までの圧力感が熱感に戻りました。

(3)日課としての小周天

小周天を開始してから2~3カ月ほどで、まだ表面的で繊細な感じではありましたが、ようやく会陰から丹田までを一周することができました。以後はそれを繰り返すことになります。

その際には武息ではなく文息を用い、意識を各ポイントに向けて、陽火を進めていきます。最初はポイントごとに5~10秒間ずつ意識を向けて進めてみました。また、陽火が通りにくいポイントでは文息ではなく武息で行いました。

ところがこのやり方では、中々熱感が高まらないので、今度はポイントごとに5分間ずつ意識を向けるやり方で行ってみました。このやり方によって、確実に熱感を感じられるようになりました。

ただ、ポイントによっては5分間もしないうちに十分な熱感が感じられるようになったので、あえて時間を決めずに熱感が感じられたら、次のポイントに進むやり方に変えてみました。

一回の小周天の時間は1時間であることに変わりはありません。ですから、ポイントに意識を向ける時間の長さによって、一回の小周天トレーニングにおいて陽火を一周させる回数は変わってきます。

前章でも書きましたが、身体の状況・反応を正確・敏感に感じ取り、それに合わせてやり方を微調整することで、日々の小周天トレーニングを行っていきました。

（4）会陰と眉間・肛門と泥丸

最初は熱感・ニュルニュル感・スースー感・ムズムズ感・圧力感ともに微妙・微細でしたが、毎日小周天を繰り返すうちに、それぞれの感覚が徐々に強固ではっきりしたものに変わっていきます。

また、徐々に陽火のルートが太くなってくるように感じます。さらに、はじめは身体の表面（皮膂側)で感じていたものが、だんだんと内部(背骨側)で感じるようになってきました。

そんな中で、肛門に陽火が入ると泥丸がスースーし、泥丸に陽火が入ると肛門がカーッと熱くなるのを感じるようになりました。

多分、肛門と泥丸には経絡的な関連性があるのだと思われます。ちなみに、鍼灸では痔を治すのに、頭の百会穴がよく効く特効穴とされているそうです。

これと同様に、会陰に陽火が入ると眉間(印堂)に圧力感を感じ、眉間(印堂)に陰符(陽火)が入ると会陰にニュルニュル感を感じることにも気が付きました。もしかすると、会陰と眉間(印堂)にも経絡的なつながりがあるのかも知れません。

## 6. 生体エネルギーの保全

前章の「内丹法」のところで、次のように書きました。

「丹ができるまでの期間の目安として、よく「築基百日」といわれます。丹の発生までに、修行と併せて百日間の禁欲節制が必要だというわけです。」

小周天トレーニングを続ける際にも、陽火(内丹法でつくった種火=丹)を絶やさないことが重要になります。そのためには陽火の元になる生体エネルギーを減少させないことが重要です。小周天においても内丹法同様、禁欲節制は大事です。

睡眠不足や過労は生体エネルギーの散逸につながりますから、心身ともに十分な休養を取り、体調を適切に維持管理する必要があります。

また、陽火の元になる生体エネルギーは性エネルギーと緊密な関係があると考えられています。そこでセックスコントロール、つまり精の漏出の機会をなるべく少なくすることが大切です。

私の場合は「怒りのエネルギー」のコントロールが課題でした。元来怒りっぽいたちで、ふだんはコントロールできているのですが、時にそれが爆発することがあります。怒った後に自己嫌悪に陥り、どっと疲れることもありました。内丹法・小周天トレーニングを開始してからは、怒ることによるエネルギーの散逸を防ぐことを、私自身の一番の課題にしています。

# 第9章　小周天体験以後

# 第9章　小周天体験以後

## 1．小周天体験以後のトレーニング

小周天トレーニングを進めていく中で、督脈と任脈には陽火をある程度回せるようになりました。その後は、陽火をより強固でしっかりとしたものにするために、仙道書やクンダリーニ・ヨガの本を参考にして、さまざまなトレーニングを試みてみました。

小周天体験以後の呼吸はすべて文息（下腹の緊張も肛門の括約筋のしめ上げも行わない腹式呼吸）です。督脈・任脈が一旦通れば、トレーニングを中断しない限り、文息と意識によって陽火は回すことができます。

小周天体験以後に私が行なったトレーニングは以下の通りです。

（1）全身周天（全身周流法）

小周天法により督脈・任脈の2脈が開通できれば、他の6脈は自然に開通するといわれていますが、「奇経」の全8脈に陽火を回す方法もあります。仙道書を参考にして行なってみました。仙道書には「全身周天」や「全身周流法」などと書かれています。

原則的には、陰蹻→陽蹻→督脈→陽維→陰維→衝脈→帯脈→任脈の順で陽火を回すそうなので、その順番で行いました。但し、衝脈についてはそのルートが複雑で、陽火の回し方について明確に書かれた仙道書も無かったので省略しました。

主要なポイントごとに書くと次のようです。

①会陰

撑抱式で立ち、意識を会陰に向けます。ある程度の期間経過後は、会陰のそれまでのニュルニュル感が微小な震動に変化してきました。

②陰蹻を湧泉まで

陰蹻は両脚の内側を通る気脈です。会陰から脚の内側に沿って、両足の裏の湧泉まで陽火を流し、温養（身体をリラックスし、陽火を養い育てる気持ちで、意識を軽く集中すること）します。湧泉は足の指を曲げたときにできるくぼみ（足裏の中央やや上のへこんだ場所）にあります。私の場合、湧泉が押されるような若干の圧迫感と熱感を感じました。

③陽蹻を尾閭まで

陽蹻は両脚の外側を通る気脈です。湧泉から脚の外側に沿って、尾骶骨の尾閭まで陽火を上げていきます。尾閭がスースーする感じになるまで、意識を尾閭に向けます。

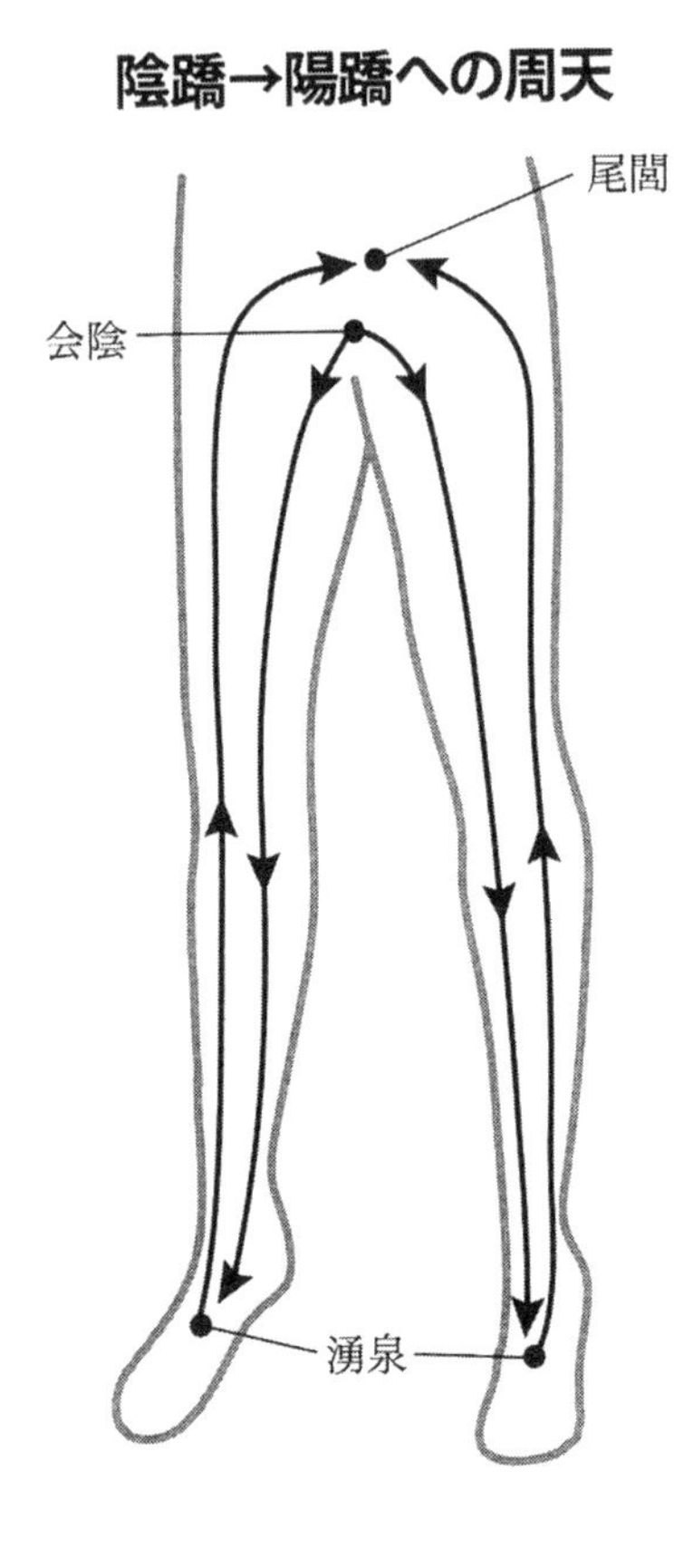

④督脈を夾脊まで

尾閭から背中の夾脊にかけて陽火が線状に上がっていき、スースーした感じから熱い感じへと温感が変化します。

⑤督脈を大椎まで

意識を首の下の大椎というツボに向けます。場所的には、首を前に倒した時、首と背中の付け根に飛び出る骨の下にあります。ここに陽火が通ると、押されるような圧力感を感じます。

⑥陽維を労宮まで

陽維は両腕の外側を通る気脈です。大椎から腕の外側に沿って、両手のひらの労宮まで陽火を流し、温養します。労宮は拳を握った時に中指の先端がつく場所にあります。私の場合は熱感と圧迫感を感じました。

⑦陰維を壇中まで

陰維は両腕の内側を通る気脈です。労宮から腕の内側に沿って、胸の両乳の中間にある壇中まで陽火を流します。壇中に押されるような圧力感を感じます。

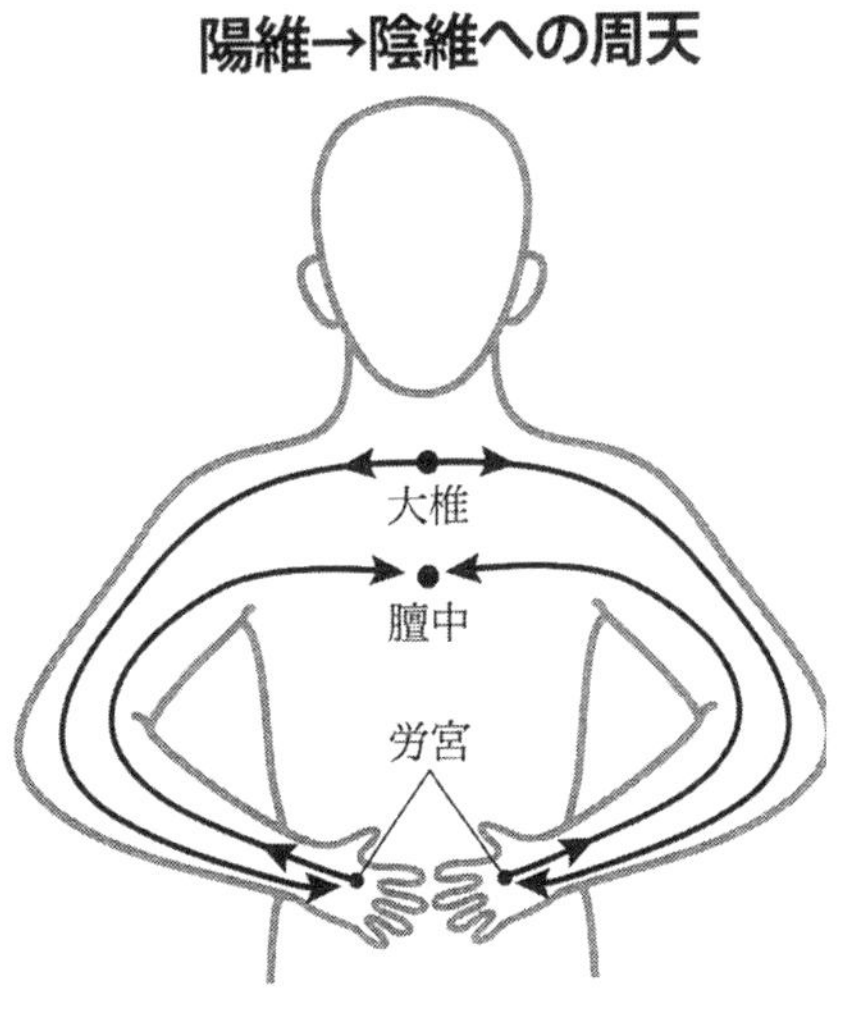


⑧任脈を黄庭まで

意識を、ヘソとみぞおちの間にある黄庭に向けます。圧力感を感じます。

⑨帯脈を一周（ヘソ↓命門↓ヘソ）

帯脈は、ヘソとその真後ろにある命門のツボを結んで帯状に一周する気脈です。まず、意識をヘソに向け、圧力感を感じたら、ヘソから左回りに陽火を廻し、命門に移動させます。今度は意識を命門に向け、そこでは熱感を感じます。次は、同様に左回りで陽火をヘソに移動させます。再び圧力感を感じます。

⑩任脈を丹田まで

意識を丹田に向けます。今までの圧力感が熱感に戻りました。

督脈・任脈→帯脈への周天

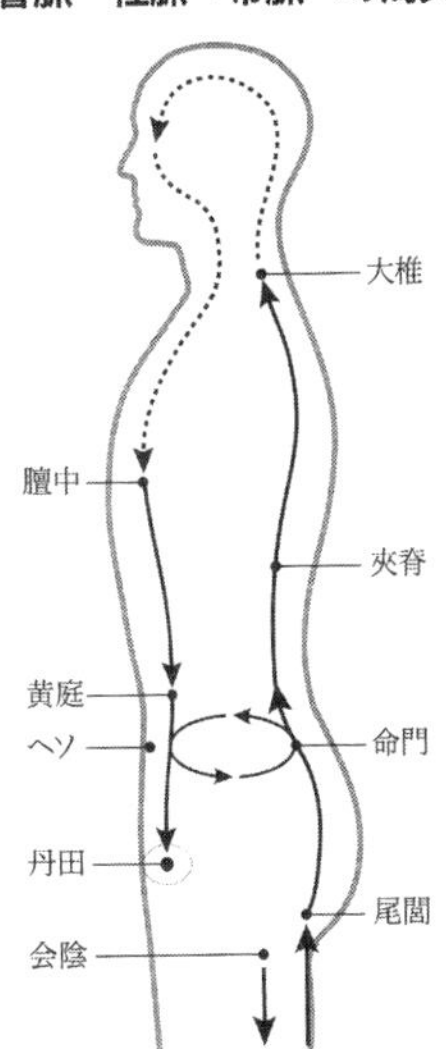

⑪小周天

①～⑩までだと、督脈の大椎と任脈の壇中の間（玉沈・泥丸・印堂など）及び督脈の肛門に陽火を通していないので、⑩の後に小周天を行います。前回書いたように進陽火（会陰↓肛門↓尾閭↓夾脊↓玉沈↓泥丸）と退陰符（印堂↓喉↓壇中↓黄庭↓丹田）の各ポイントに意識を向けながら、文息で行います

（２）小周天プラス地中・頭上空間

クンダリーニヨガの本と仙道書を参考にして、陽火をイメージによって地中と頭上空間で保持する次のようなトレーニングを行ってみました。

①会陰

会陰の微小な震動を感じるまで、会陰に意識を向けます。

②肛門

肛門が熱くなるのを感じるまで、肛門に意識を向けます。

③陰蹻を湧泉まで

肛門から両脚の内側に沿って、意識で足の裏の湧泉まで陽火を流し、圧迫感と熱感を感じます。

④地中で保持

両足裏の湧泉から、イメージによって陽火を地中深くに放出し、5～10秒間ぐらい保持します。地中に向かって空気が流れるようなスースー感を感じます。

⑤湧泉

地中で保持した陽火を意識で湧泉に戻し、再び圧迫感と熱感を感じます。湧泉に戻す際、地中のマグマなどのエネルギーを体内に取り込むイメージを持って行いました。

⑥陽蹻を尾閭まで

湧泉から両脚の外側に沿って、意識で尾閭まで陽火を流します。尾閭のスースー感を感じます。

⑦夾脊

尾閭に意識をむけていると、尾閭から夾脊にかけて陽火が線状に上がっていき、スースー感が熱感に変化します。

⑧玉沈

首の後ろ(ぼんのくぼ)のところにある玉沈に意識を向け、圧力感を感じます。

⑨泥丸

頭のてっぺんの百会というツボの下にある泥丸に意識を向けると、自然に陽火が上がっていきます。後頭部を虫が這って行くようなムズムズ感と、髪の毛が逆立つようなスースー感を感じます。

⑩頭上空間で保持

泥丸から陽火をイメージによって頭上の空間に放出し、5〜10秒間ぐらい保持します。上空に向かって空気が流れるようなスースー感を感じます。

⑪泥丸

頭上空間で保持した陽火を意識で泥丸に戻し、再びムズムズ感とスースー感を感じます。泥丸に戻す際、宇宙空間のエネルギーを体内に取り込むイメージを持って行いました。

⑫印堂

眉間の印堂に意識を向け、ムズムズ感や圧力感を感じます。

⑬喉

喉に意識を向け、圧力感を感じます。

⑭壇中
壇中に意識を向け、押されるような圧力感を感じます。

⑮黄庭
黄庭に意識を向け、ここでも圧力感を感じます。

⑯丹田
丹田に意識を向けると、今までの圧力感が熱感に変化します。

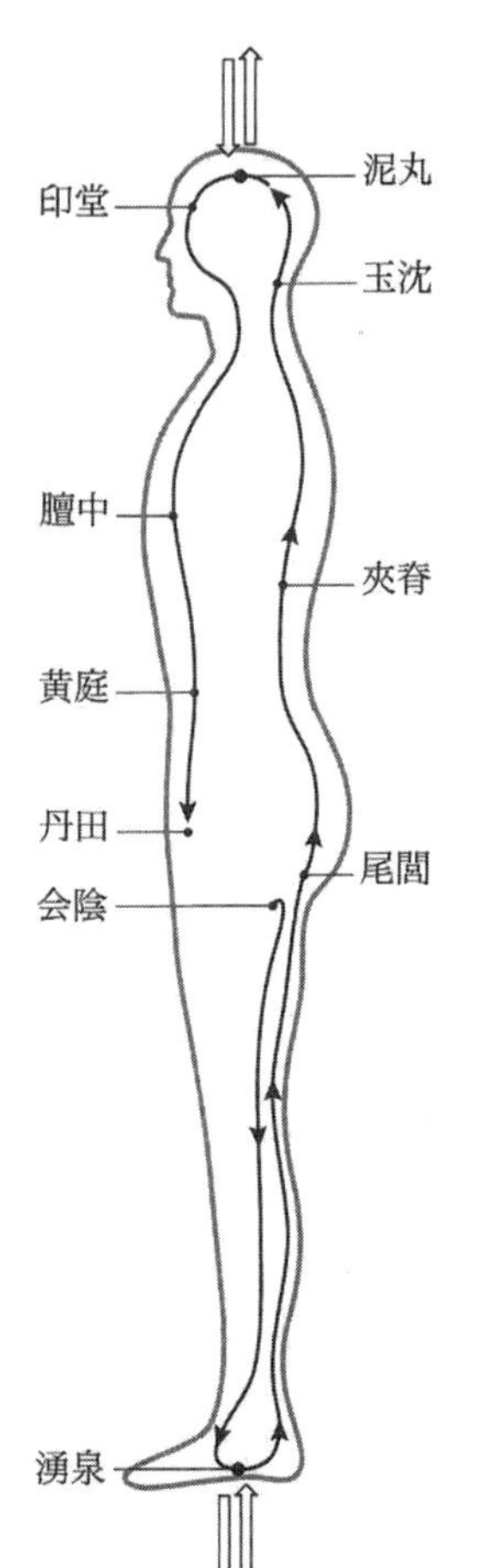

（3）各ポイントで温養5分間→小周天5分間→小周天プラス地中・頭上空間5分間

湧泉を含む各ポイントで5分間ずつ温養を行い、その後5分間ずつの小周天と前記（2）の小周天プラス地中・頭上空間を行う内容でトレーニングを行っていた時期もあります。

具体的には①会陰→②肛門→③湧泉→④尾閭→⑤夾脊→⑥玉沈→⑦泥丸→⑧印堂→⑨喉→⑩壇中→⑪黄庭→⑫丹田の順で各5分間意識を向け陽火を確認した後、⑬小周天・⑭小周天プラス地中・頭上空間も5分間ずつ行います。①～⑭の14×5分で合計1時間10分かかります。

⑬小周天・⑭小周天プラス地中・頭上空間の中における各ポイントに意識を向ける時間は5～10秒ぐらいです。①～⑫で、じっくり5分間ずつ各ポイントに意識を向け温養し陽火を確認した後、おさらい的にぐるぐると⑬で身体全体に、⑭で地中・頭上空間にも陽火を回すイメージです。

（4）小周天プラス地中・頭上空間30分間→温養30分間

まず、前記（2）の小周天プラス地中・頭上空間の①～⑯のポイントごとに、陽火を感じるまで意識を向けるやり方で、30分間行います。その後は会陰で30分間の温養を行います。ある程度の経験を積んできたので、会陰で温養しているだけでも、他のいくつかのポイントで熱感・スースー感・ムズムズ感・圧力感などを感じるようになってきました。

（5）会陰で温養1時間

各ポイントに意識を向けずに、会陰で1時間温養しているだけのやり方です。各ポイントの陽火を明確に感じるようになってからは、このやり方に変えました。

（6）最近のトレーニング・・・湧泉と労宮で温養

最近は両足の裏の湧泉と両手のひらの労宮の4カ所に軽く意識を向けながら、温養を15〜30分程度行っています。その意図については、次章で説明します。

## 2. 小周天体験以後の変化

小周天体験以後、私自身に生じた変化は次の通りです。

①ふとした時に身体の各ポイントに陽火を感じることがあります。特に、会陰の微小な震動は

日常的に感じるようになりました。

②早寝・早起きになりました。目覚ましをかけなくても、朝5～6時頃には目が覚めます。また、何も予定がない場合には、夜9時頃には眠るようになりました。

③飲酒量が少なくなりました。また、以前は休肝日もほとんどありませんでしたが、週1日は休肝日とするようになりました。

④子どものころからの慢性鼻炎で、季節の変わり目にはいつも鼻かぜを引いていました。小周天体験以後は、鼻かぜをほとんど引かなくなりました。

## 3. 大周天

王薌齋先生は立禅を十年前後持続すれば到達する境地として、「四如」ということを書かれています。「体が鋳物の如く、体に鉛を注いだ如く、筋肉が一塊の如く、毛髪が戟の如く」がその内容です。本書で何度か紹介した「立禅の生理的な境地」とその到達点である「四如」をある程度体験したくて、内丹法とそれに続く小周天トレーニングを行ってきました。それらについては、どうにか体験の入り口にはたどり着いたと感じています。

仙道書には「小周天」の先の修行法である「大周天」も紹介されています。しかし、私は大周天に向かって、積極的に修行していこうとは考えていません。私はあくまでも武道修行者であり、仙道は「立禅の生理的な境地」と「四如」の体験のために研究・実践してみたにすぎないからです。

また、指導者のいない独習では、ある意味での危険性が考えられることもその理由の一つです。この危険性については次章で触れてみたいと思います。

# 第10章　周天法による心身の変調

# 第10章　周天法による心身の変調

## 1．心身の変調

日々の小周天トレーニングを積み重ねていくうちに、身体の各ポイントで感じる陽火はより明確なものになってきました。特に、会陰の微小な震動はトレーニングから離れた日常生活の間にも感じるようになります。

外出の予定があって早起きする日でも、旅行先でも、1時間の立禅は必ず行うようにしていました。ある意味、自分自身の小周天に自信を深めつつありました。

ところが、しばらくすると心身の変調を感じるようなことが時々起きるようになってきます。最初に起きたのは、貧血です。会議の途中に貧血を起こして、手のひらがどんどん冷たくなるようなことが起きました。退席して直ぐに病院に行きましたが、突発性の貧血という診断でした。それまでの人生で貧血を起こすなどということはなかっただけに不思議でした。

半年ほどすると、今度は、夜中に頭がカッーと熱くなり、手のひらは逆に冷たくなるという症状が起きました。動悸がする場合もあります。また、精神的な変調も併せて生じました。自分の周りの出来事に対して、心身ともに過敏に反応するようにもなってきます。

『秘法！超能力仙道入門』（高藤聡一郎著　学研）、『密教ヨーガ』（本山博著　宗教心理出版）、『クンダリニー』（ゴーピ・クリシュナ著　平河出版社）などには、仙道修行者やクンダリーニ・ヨガ修行者である著者自身の、心身の変調とその克服に関する記述があります。

また、白隠慧鶴禅師が二十代半ばごろに「禅病」に苦しんだことは、『夜船閑話』（白隠慧鶴著　芳澤勝弘訳注　禅文化研究所）の中で書かれています。

仙道の『偏差』や『走火入魔』、クンダリーニ・ヨガの「クンダリーニ症候群」、禅宗の「禅病」と呼ばれる症状は大体似たような症状のようです。

私自身に生じた心身の変調も小周天トレーニングの影響によるものだと思われます。でも、心身に変調が現れるということは、周天法の修業が進みつつある徴候だと言えるのかも知れません。

本章では周天法による心身の変調について考察してみたいと思います。

## 2. 空車を回す

最初に、心身の変調のうちの身体的なものを取り上げます。

周天法による身体的な変調には大きく分けて、空車を回したことを原因とする変調と、周天法トレーニングを原因とする変調とに分けられます。

空車を回すとは、まだ陽火が発生していないにもかかわらず、イメージだけで偽の陽火を回してしまっていることです。熱感などの感覚がないのに、イメージだけを督脈・任脈内で動かしているため、日常的に何かがグルグル回っているようなことが起きるようです。

仙道では、空車を回していることを原因とする変調が生じた場合は、すぐに独りよがりの小周天トレーニングを中止すること、足裏の湧泉などで温養につとめること、とされています。

## 3. 周天法トレーニングを原因とする身体的な変調

2. の空車を回すのではなく、実際の陽火を督脈・任脈を回した場合にも、身体的な変調をきたすことがあります。仙道的には、「潜在的に隠れていた体のひずみが表面化するもので、そのまま放任しておけばやがて解決する」とされています。

その変調内容につき詳細に書かれた仙道書は見当たりませんでしたが、『クンダリーニ大全』（ボニー・グリーンウェル著　ナチュラルスピリット）の中で「クンダリーニ症候群」の例が箇条書きされています。私自身の身体的な変調と類似する症状を抜粋してみます。

①プラーナ（気）の動き
・無意識の急な動き、震え、振動、痙攣
・収縮、特に肛門、腹、喉
・巨大なエネルギーの氾濫が、親指、足、背骨の基底から始まり、体に上がってくるような急な動き

②内部の肉体的感覚
・脈拍が速まる
・あたかも電気ソケットに差し込まれたかのような感覚やヒリヒリ感、むずがゆい感じ

・神経的なエネルギー、高血圧、鼓動、これは無気力を伴って変化することがある
・蛇が体内に潜んでいるような、特に腹の中や背骨を這い上がってくるような感じ
・頭痛、頭の中でブンブン唸るようなエネルギーの感覚、頭皮がヒリヒリしたり、むずがゆかったり、虫が這うような感じ
・頭の中の電気的な感覚。頭皮が開いていくような感じ
・手、腕、足の痺れ
・頚部における吸引感覚、会陰部のむずがゆさ
・髪の逆立ち

③食事のパターンの変化・・・肉食、アルコール飲料、ドラッグをやめる傾向

④体温の変化・・・体のさまざまな部分での熱く、冷たい感覚。体の一方は熱く、他方は冷たくなることもある』

## 4．王薌齋先生の「立禅の生理的な境地」や「四如」との共通点

3．では私自身の身体の変調（頭が熱くなる、手のひらが冷たくなる、動悸がするなど）と同じ症状を取り上げました。

『クンダリーニ大全』のその記述で私が注目したのは王薌齋先生が『意拳論』の中で挙げられた「立禅の生理的な境地」や「四如」との共通点です。特に、「②内部の肉体的感覚」として「髪の逆立ち」が上げられていたのには驚きました。

## 5．周天法トレーニングを原因とする精神的な変調

私が戸惑ったのは身体的な変調より、むしろ精神的な変調です。身体的な変調が出ると同時に、このまま症状がひどくなるのではないかという不安や動揺、そして軽度のうつ症状が生じてきたのです。

精神的な変調も3．の身体的な変調と同様に「そのまま放置しておけばやがて解決する」ということかも知れませんが、私にとっては問題でした。

『クンダリーニ大全』の中で「クンダリーニ症候群」の精神的な変調の一例として、私が体験したのと同じく「強い感情的な動揺」や「気うつ、心配、怒り」などが挙げられています。

## 8. 私見・・・周天法による心身の変調の原因

私は仙道の専門家でもクンダリーニ・ヨガの専門家でもありませんが、周天法による心身の変調の原因について、私なりの見解を述べてみたいと思います。

①エネルギー過多になる

第8章でも書きましたが、督脈・任脈を含む「奇経八脈」は出生後、性エネルギーの発生が盛んになる頃(11〜13歳くらい)までにはふさがってしまうそうです。

しかし、ふさがるには何らかの理由があるはずです。

人体内の「気」の通り道である「気脈」のことを東洋医学では「経絡」と呼んでおり、通常は「正経(十二正経)」がそれに当たります。つまり、通常の日常生活を送るには「正経」だけを通り道にすれば十分で、周天法により「奇経八脈」まで通るようになると、ある意味でのエネルギー過多になることが心身の変調の原因の一つだと思われます。

電気の「過充電」と同じ状態になるのかも知れません。「過充電」とは蓄電池や蓄電器を充電しすぎることで、「オーバーチャージ」とも言われます。異常な発熱や内圧の上昇が起こり危険なため、ふつう安全回路を取り付けてこれを防止します。

②エネルギーの陰陽のバランスが崩れる

周天法によって陽火が体内に充満することによって、エネルギーの陰陽のバランスが崩れる、というのが私の考える二つ目の原因です。

道教では、一般的に夜中の12時から正午までの大気を「生気」、正午から夜中の12時までの大気を「死気」と呼んでいます。私は早朝に小周天トレーニングを行いますので、「陽」である「生気」のみを基に小周天トレーニングを行っていることになります。

以前、中国における気功のドキュメンタリー番組を観ていたら、夜中に墓場の近くで立禅を行っている映像がありました。「陰（死気）」の時間帯である夜中に、「陰」の場所である墓場で気功を行い、陰陽のバランスを取っているのかも知れません。

## 9. 私の対策

小周天トレーニングによる心身の変調を感じるようになってから、次のようなことを心掛けながら、日常生活を送っています。

①小周天トレーニングを行わず、両手のひらの労宮と両足裏の湧泉の4カ所に軽く意識を向けながら、温養を行っています。その意図は二つあります。

一つ目の意図は、会陰を中心に陽火が過剰に発生することがあるので、なるべく督脈・任脈から遠ざけた湧泉と労宮に意識を向けているのです。とは言っても、立禅中に感じる会陰の震動などの各ポイントの感覚はそれほど変わりません。

二つ目の意図は、私は空手という打撃系格闘技の修行者なので、打撃に用いる手足の能力をより高めるために、両手・両足を重視しているわけです。

②時間についても必ずしも1時間に拘らないようにしています。エネルギー過多にならないよ

う、立禅の時間を15～30分程度に短縮しています。

③お酒やコーヒーを飲む量を少なくするようにしています。

④睡眠時間を十分に取り、稽古を含めて体をなるべく動かすようにし、食事も刺激物やジャンクフードを避け自然で新鮮なものを取るようにしています。

前章でも書いたように、「小周天」の先の修行法である「大周天」に向かって、積極的に修行していこうとは考えていません。

特に私の場合、周天法に関しては指導者のいない独習なので、修行を進める上で起こりうる心身の変調による危険性への対処には限界があると思っています。

# 第11章　道教と錬丹法

# 第11章　道教と練丹法

本章と次章では、立禅の歴史的な背景を取り上げたいと思います。まず、本章では道教に練丹法が取り入れられた経緯について考察します。

## 1. 練丹法

第7章で、練丹法について次のように書きました。

『文字通り解釈すれば、練丹法とは丹薬を練成する方法のことです。丹薬とは、狭い意味では丹砂(天然の硫化水銀)をもとにしてつくった不老不死の薬物をいいますが、広い意味では金属・鉱物・植物からつくった不老長生のための薬物全般を指します。

この丹薬を練成する技術を錬金術(金丹術)ともいいますが、丹薬を服用し水銀中毒などで死ぬ人も出たりして、やがては下火になりました。

その後は体内で不老不死の薬をつくる技術が、道教の修行法である仙道で行われるようになります。これが練丹術です。人間の体内で内気(精)を精練して薬(丹)をつくり不老長生を目指すわけです。

錬金術は外界で産出する金属・鉱物・植物を原料として不老不死の薬(丹)をつくる技術です。だからこれを「外丹法」といいます。これに対して練丹術は体内で丹をつくる技術ですから「内丹法」といいます。』

## 2. 道教と練丹法

ここでは『道教の歴史』(横手裕著　山川出版社)・『中国道教の展開』(横手裕著　山川出版社)に依拠して、道教に練丹法が取り入れられた経緯について書いてみます。

①気法

気法とは気を使って身体の不老長生をはかる技法で、行気・服気・胎息から成ります。行気とは体内に「気を行(めぐ)らす」技法です。戦国時代・漢の墓から出土した「行気玉珮銘」(前380年頃と推定)にも書かれているように古くから行われていました。服気とは気を体内に取り込む技法です。胎息とは胎児が母胎の中にいるときのように微かな呼吸をする技法で後漢頃には行われていました。

行気もまず体外から気を採り入れることが前提で、行気と服気は実質的にはほとんど同じとされていました。また、行気と服気も「その大要は胎息にある」(『抱朴子』釈滞篇・・・④参照)、すなわち肝心かなめの方法は胎息であるとされるようになりました。行気・服気・胎息の三者は、遅くとも唐代にはこのように一本化した関係にありました。

②秦の始皇帝と漢の武帝

初めて中国を統一した始皇帝(前259〜前210)は、その権力と財力を傾け神仙(道教が目的とする不老不死の存在)と不老不死を追求し、神仙説と方士(方術の士。神仙や不老不死、仙薬を語った人々)の隆盛を引き起こしました。

始皇帝からおよそ百年後、漢の武帝(前156〜前87)が登場し、始皇帝に勝るとも劣らぬ情熱で神仙と不死を求め、方士の活動もこの頃に全盛を極めます。

③『漢書』芸文誌と練丹術(金丹術)

漢代以前に存在した学術、技法、文化を最も総合的に紹介するのは、後漢の班固(32〜92)の『漢書』芸文誌です。その方技略の中に「神仙(家)」が位置づけられていて、神仙道のもっとも古い姿がうかがえます。その中に「黄冶(こうや)」に関する書名が挙げられています。「黄冶」は直訳すれば「黄金の精練」で錬金術のことですが、転じて不老不死の丹薬を錬成する練丹術(金丹術)のことを指します。

④『周易参同契』と『抱朴子』

後漢あるいは呉(三国時代)の人、魏伯陽の作とされる『周易参同契』は、漢代に流行した(卦自体の図形的な特徴に注目する)象数易の理論を使って練丹の方法を説いたものです。

晋の葛洪(283?〜343?)が書いた『抱朴子』内篇は、当時行われていたさまざまな神仙術や経典について言及しており、後漢から魏(三国時代)・晋にかけての神仙道を具体的にうかがうための最も重要な資料として知られています。葛洪は丹砂などを基にして作った金丹を最上として、草木の薬や行気その他を補助的に扱っています。

⑤金丹による中毒

唐王朝は、中国の歴史上、国家と道教が最も強く結びついた特異な時代です。三代・高宗は金丹も服用し、治世の後半にはその副作用に苦しめられたため、実質的に妃の則天武后や皇太子に国政を任せたとされています。実は二代・太宗も金丹の類で死んだようです。

安禄山の乱(755〜763)以後、唐王朝は弱体化していきます。これと並行して道教の弊害が深刻化していきます。十四代・憲宗、十五代・穆宗、十八代・武宗、十九代・宣宗らが金丹の愛好により中毒死しています。

皇帝だけでなく、文人たちも金丹に関心を寄せました。詩人で儒者の韓愈(768〜824)も硫黄を服用し体を悪くして死んだそうです。

結局、金丹法の信頼性は失われ、その後の内丹術(練丹術)の普及もあって、唐代以降は次第に下火になりました。

⑥諸道術の展開

道術とは不老長生の神仙へ至ることを主要な目的とした道教の修行法をいい、古代の方術を承継します。北宋の三代・真宗（997〜1022）が編纂させた『雲笈七籤』に唐末・五代までに現れた道術の主なものが挙げられています。導引・存思・気法・金丹・内丹・方薬・符図・庚申・尸解などです。このうち隋・唐から五代にかけて道教史上重要な展開をみせたのが、金丹・気法・内丹です。

⑦内丹術（練丹術）

内丹とは、体内の気を修錬することにより、自らの体内に不老不死の金丹を作り上げる技法です。宋代以降本格的に流行する「内丹」という言葉が、定着の途を歩み始めるのは唐代の後半からです。

金丹術・気法ともに、その後もそれ自体として途絶えることなく伝えられますが、結果としてこれらの流れが、宋代以降に内丹術という新しい方法が神仙修行の中心となって展開していく基盤を形成することになりました。

④の『周易参同契』と、北宋の張伯端（987〜1082）の『悟真篇』が、宋代以降の内丹術の二大根本経典となり、後世の内丹術に大きな影響を与えました。

⑧内丹法（練丹法）の普及

内丹法は宋・元時代に普及しました。明・清時代には制度上の道士（前漢末頃からの道術や方術を行う士）以外でも、一般の文人など広汎に内丹法が行われていました。中には内丹関係の著作を数多く残し、後世から内丹法もしくは道教の一派とみなされる場合も出てきます。明の陸西星（1520～1606）・清の李西月（1806～1856）などです。

## 3．練丹法におけるインドの影響

前章で王薌齋先生の「立禅の生理的な境地」や「四如」と、「クンダリーニ・プロセスの生理学的特質」との共通点を取り上げました。同様に、練丹法とクンダリーニ・ヨガとの間にも多くの共通点が存在します。

練丹法の生成・発展に、インド発祥の修練法が何らかの形で影響を与えたという考え方もできるのではないでしょうか。戦国時代末期には、ヒマラヤを越えて中国の長安に連なる中印雪山道（ホータンからカシミールを結ぶ）がすでに開通していて、インド医学が中国に入ってきた可能性が大きいそうです。2．①の「気法」の普及とは時代区分が合致するので、その影響を受けたものと思われます。

※年表（中国歴代王朝と道教）

2．①～⑧の道教に練丹法が取り入れられた経緯、および3．の中印雪山道の開通を中国歴代王朝との関係で整理してみます。

・殷（紀元前16世紀～前12・11世紀）
・周（西周）（前12・11世紀～前770）
・春秋時代（前770～前403）
・戦国時代（前403～前221）…①気法の行気、①「行気玉珮銘」（前380年頃と推定）、　3．中印雪山道の開通
・秦（前221～前207）…②秦の始皇帝（前259～前210）
・漢（前漢）（前206～後8）…②漢の武帝（前156～前87）
・新（8～23）

・後漢（25～220）…①気法の胎息、③後漢の班固（32～92）の『漢書』芸文誌と練丹術（金丹術）、④後漢あるいは呉（三国時代）の魏伯陽の『周易参同契』
・三国時代（220～280）
・晋（265～420）…④晋の葛洪（283?～343?）の『抱朴子』
・五胡十六国時代（304～439）
・南北朝時代（439～589）
・隋（581～618）
・唐（618～907）…①気法（行気・服気・胎息）の一本化、⑤金丹による中毒、⑦内丹術
・五代十国時代（907～960）
・宋（北宋：960～1127、南宋：1127～1279）…⑥北宋の三代・真宗（997～1022）の『雲笈七籤』、⑦北宋の張伯端（987～1082）の『悟真篇』、⑧内丹法の普及
・元（1271～1368）
・明（1368～1644）…⑧内丹法の一般文人などへの普及、⑧明の陸西星（1520～1606）

・清（1644～1912）…⑧清の李西月（1806～1856）
・中華民国（1912～1949）
・中華人民共和国（1949～）

# 第12章　中国拳法と練丹法

# 第12章　中国拳法と練丹法

本章では中国拳法に練丹法が取り入れられた経緯について考察します。

## 1. 中国拳法と練丹法

前章で、「明・清時代には制度上の道士以外でも、一般の文人など広汎に内丹法が行なわれていました。」と書きました。

本章では、中国拳法に練丹法（内丹法）が取り入れられた時代・経緯について、『中国武術史』（林伯原著　技藝社）・『近代中国における武術の発展』（林伯原著　不昧堂出版）に依拠して書いてみます。

①明代（１３６８～１６４４）の拳法

明代における各派の拳法はその技術体系に偏りがあり、また比較的実戦性を重視する傾向が強く、養生に関する探究はなされずにいました。

②清代（1644～1912）の武術家

清代に至って武術家は踢（蹴る）、打（撃つ）、跌（投げる）、拿（関節技）といった各種の技術を併せて訓練するようになると同時に、「運気」（「気」を練ること）を武術の訓練に取り入れるようになりました。このため、清代を通じて武術と運気が結合していくようになったのです。

③運気法と武術を併せて練習する方法が、清代に至って出現した理由

運気法と武術を併せて練習する方法が、清代に至って出現した理由は二点あると考えられます。

第一の理由としては、道教の修練・方術が社会の下層にまで浸透し、発展を始めたことが関わっていると言うことができます。

道教は多神教であると同時に幾つかの教派に分かれていて、各地の自然的・社会的環境や伝統的文化の影響を受けつつ長期にわたって展開してきたため、民間におけるその信奉者は他宗教と比較しても圧倒的多数を占めていました。

当時の民間宗教団体は分派が林立してその修行法も極めて複雑かつ多様でしたが、思想面およ

び組織面ではいずれも道教に深く関わるところがありました。道教の秘文・護符・斎戒・祈祷・呪術および内丹・断食・存想などの運気法、さらに按摩などの医療術はほとんどそのすべてが民間秘密宗教の行儀および修練方法として採用されたのです。このことはまさに武術と運気法が併せて行われるようになった契機と言うことができます。

④第二の理由

第二の理由としては、運気法によって得られる効果が武術訓練への導入を促進した面を挙げることができます。運気法は体力が増したり、疾病を取り除くだけでなく、ある一定の条件の下において人体の生理機能に著しい変化を生じさせ、常人を超えた力を獲得させる可能性があると考えられています。

例えば、少林寺の僧侶が拳法の練習と気の鍛錬を併せて行った理由は、主に拳法の功力を得、また打撃に対する抵抗力を高めるためでした。

清代においては、伝習者が功法によって得られる効果を神秘化して宣伝するということが、一般的な現象として存在していました。

⑤民間の宗教団体や秘密結社の宣伝活動

④のような宣伝は、運気法の力を利用して衣食の充実を求め、疾病や生死などの問題を解決することを望んだ農民たちにとって非常に魅力的でした。自然と、貧窮して苦難に喘ぐ多くの農民たちの心を引きつけ、彼らが積極的に運気に励む動機となりました。

このような側面から、運気法が武術訓練に取り入れられるという傾向は、武術家のみならず民間の宗教団体や秘密結社にも広く見られるようになりました。これらの組織はより広範に多様な支持者を惹きつける目的で、より積極的にその武術活動に運気法を加える傾向があったのです。

⑥支配階級への抵抗

また、注目すべきことは、当時の民間宗教団体や秘密結社が運気法の力を宣伝に利用して農民たちを組織に加入させることを望んだだけでなく、武術と運気法によってもたらされる神秘的な力によって、支配階級を打ち倒したいと望むようになっていた点です。

当時、「刀剣不入」「弾子不入」といった言い回しが広く民間に流行していました。特定の術や運気を行えば、刀剣、あるいは銃弾でも傷つかないといった意味です。

信者たちは運気法を練習すれば刀槍不入の不死身の体となり、いかなる悪にも対抗しうると確信させられ、実際に自信と戦闘力を与えられたのです。これによって武術と運気法を併せた練習方法は、さらに普及するようになっていきました。

⑦民間武術家や各武術流派の練習法

また、清代には民間武術家や各武術流派においても、武術と運気を兼備した練習法が重要視されるようになりました。

例えば、当時の少林寺に伝わる「内功図」が現存しますが、これは気功を含めた導引養生の書で、少林寺でこれらを「内功」と呼んでいたことは、その訓練方法および作用が武術の攻防技術である「外功」とは異なり、かつ両者が表裏を成すと考えられていたことを表わしています。

⑧武術と運気法の兼習における二種類の方法

（清代）当時、武術と運気を兼習するに当たって、主に以下の二種類の方法があったことが史料からわかります。

一つは、拳法を練習する際、意識によって気を導き、気によって体を動かし、呼吸と動作を密接に組み合わせて行うという方法です。清代前期に生じた太極拳、形意拳、八卦掌はこの種の拳法に属します。これらの「動と静を兼ねて修錬し、身体の内側と外側を共に練る」という拳術は当時の武術と運気法を結合させたものの典型でした。

もう一つの方法は、武術の訓練と気の訓練を分けて別々に行うものです。前述の民間宗教団体における練習のように拳や棒を学び、同時に「坐功運気」するといったものがこちらの類に属します。このように武術と運気を分けて訓練する場合における「運気」では多く「静功」（座禅・断食・周天など）の形式が用いられました。

⑨運気法の武術発展への影響

清代における武術と運気法の兼習は武術の内容を豊富にしただけでなく、格闘技と健康増進の両面において武術の作用を高め、武術にさらなる生命力を与えました。このため、武術と運気法の兼習は、民間の武術家によって非常に重視されると同時に、武術の発展に対して重大な影響を与えたと言えます。

## 2. 立禅の起源

1.②で見たように清代には武術と運気法の兼習が、一般的に行われるようになりました。ただし、それまでの道教の修行における運気法は「坐功運気」と呼ばれる、座って行う運気法でした。

1.⑧からすると、清代前期に生じた太極拳・形意拳・八卦掌において、立った姿勢で静止して行う運気法である「站樁(立禅)」も行なわれるようになったのだと思われます。

## 3. 王薌齋先生と周天法

①『意拳正軌』

第7章で、王先生の著書『意拳正軌』の中の、周天法について書かれた次の文章を紹介しました。

『後天をもって先天を補う術は、つまり周天の転輪である。およそ周天の学は、習い始めは鼻から清気を吸って、気海(丹田)へと引き込み、気海から尾骨を通して腰にまわす。左右の腎は腰に位置し、まことに天下第一であり、諸臓の根源である。腎水が足ると督脈に上昇して丸宮(眉間)に至り、鼻にもどり、舌を使って腎の気を受けてから下ろし、下腹を充実させ、次第に丹田に入れる。これは即ち周天の要義であり、周天の秘訣と命名されている。学ぶものはこれを軽視してはならない。』『意拳・大成拳創始人　王薌齋先生伝』(孫立著　ベースボールマガジン社)

②姚宗勳先生の『意拳正軌』注釈

『太気拳・意拳研究ノート』(佐藤聖二著　日貿出版社)の「王薌齋先生の著書『意拳正軌』」の項に次の記述があります。

『原本は民国17年(1928年)に初版、民国18年に序文の修正がされ再版されました。(中略)後に王先生は自ら記した内容を否定し、その為この本はいつの間にか消失してしまいました。1961年になって香港に移住した梁子鵬先生の所蔵するものを李英昴氏が書き写し、当時河北省保定市の中医研究院に勤めていた王先生に送ったことにより、再び世に出ることになったものです。(中略)王先生が亡くなった1963年、姚宗勳先生は各章に対して以下のような注釈をされています。』

この記述の後、各章に対する姚先生の注釈が続くのですが、①の周天法に関する文章が含まれている「練氣」の章についての記述では、「昔の伝統的なもので30年前に先生は既に否定されている。」と書かれています。

③『回憶向王薌齋先生習拳』

『太気拳・意拳研究ノート』の中には、(王薌齋先生の弟子である)何鏡平先生の著書『回憶向王薌齋先生習拳』も紹介されており、その中に次のような文章があります。

『王薌齋先生の拳学に対する改革は、形意拳を意拳に改めたという初歩の成果に留まらず、研究を続けてさらに正確な拳学思想を提起した。いくつかの役に立たないもの、例えば養気における周天運搬の法(注:いわゆる大周天、小周天)、意守丹田、呼吸法などはみな否定して取り除き、もともと拳術が具えている科学的思想を主導の地位に引き上げ、矛盾対立の統一という科学観念を強調し、常に古い平衡制御を壊し新しい平衡制御を打ち立て永遠に終わらぬという理論を拳学の立命の根本とした。』

④結論

①〜③を読むと、王薌齋先生の初期の意拳の中に周天法が存在していて、ある時期から王先生がそれを否定されるようになったことが分かります。

## 4. 私（山田）の推測

王先生が周天法を否定されるようになったことについて、私の推測は以下の通りです。

①私に関して言えば、周天法の研究・実践を通して初めて、王先生の言われる「立禅の生理的な境地」と「四如」が徐々に体感できるようになりました。一旦その感覚がつかめると、両手足に軽く意識を向けながら温養を行っているだけで、その感覚が失われることはありません。もしかすると、王先生もご自身の修行中に周天法により感覚を深められ、その後は周天法から離れられたの

かも知れません。

②周天法を続けるうちに、心身に変調をきたすような体験をしました。現在、私は選手を中心に立禅を指導していますが、その危険性を考えて周天法を指導したことはありません。将来要望があれば、指導する可能性がないとは言えませんが、慎重に指導していくべきだと考えています。王先生もそのような点を踏まえて、周天法を否定されたのかとも思います。

## 5. 私の現状

第10章でも書きましたが、私の現状は次のようです。

①立禅の時間は15〜30分程度にしています。以前のように、1時間の立禅を数日間続けてみたこともあるのですが、心身の変調がきつく出るので、今は短めにしています。第10章で紹介した『クンダリーニ大全』(ボニー・グリーンウェル著)によると、この心身の変調は修行上体験する通過点のようです。

②飲酒量が少なくなりました。何杯も飲むと、真夜中に目が覚めて不安感に襲われたり、酒席で怒りのコントロールに多少問題が生じたりすることがあったのです。それがいやで、あまり飲まなくなりました。同様に、以前必ず飲んでいた夕食後のコーヒーも控えています。

武術的な意味合いだけでなく、養生的な意味合いでスタートした立禅修行ですが、心身の変調がたまに見られるようになった結果として、アルコールとカフェインの摂取量が減りました。より健康的な体質に改善されつつあるのだと思います。

# 参考文献

『極真空手50年の全技術』(山田雅稔著　ベースボールマガジン社)
『最強の極真空手　城西テクニック編』(山田雅稔著　スキージャーナル)
『意拳・大成拳創始人　王薌齋伝』(孫立編著　ベースボールマガジン社)
『新版　意拳入門』(孫立著　ベースボールマガジン社)
『実戦中国武術　意拳入門』(孫立著　ベースボールマガジン社)
『実戦中国拳法　太氣拳』(澤井健一著　日貿出版社)
『拳聖　澤井健一先生』(佐藤嘉道著　気天舎)
『スランプに挑む―「人生の波」を乗り切るために』(長田一臣著　講談社)
『日本人のメンタルトレーニング』(長田一臣著　スキージャーナル)
『勝利へのメンタル・マネジメント』(長田一臣著　スキージャーナル)
『勝者の条件―アスリートの〈心〉をどう鍛えるか』(長田一臣・麓信儀著　春秋社))
『百歳まで歩く』(田中尚喜著　幻冬舎文庫)
『背すじは伸ばすな!』(山下久明著　光文社新書)
『現代に生きる仙道』(小野田大蔵著　白揚社)
『仙道による心身の改革』(小野田大蔵著　白揚社)
『現代仙道百科』(小野田太蔵著　白揚社)
『仙人入門』(高藤聡一郎著　大陸書房)

『仙人になる法』（高藤聡一郎著　大陸書房）
『秘法！超能力仙道入門』（高藤聡一郎著　学研）
『密教ヨーガ』（本山博著　宗教心理出版）
『気・瞑想・ヨーガの健康学』（本山博著　名著刊行会）
『クンダリニー』（ゴーピ・クリシュナ著　平河出版社）
『クンダリーニ大全』（ボニー・グリーンウェル著　ナチュラルスピリット）
『夜船閑話』（白隠慧鶴著　芳澤勝弘訳注　禅文化研究所）
『密教的生活のすすめ』（正木晃著　幻冬舎新書）
『「自分」を浄化する座禅入門』（小池龍之介著　ＰＨＰ研究所）
『道教の歴史』（横手裕著　山川出版社）
『中国道教の展開』（横手裕著　山川出版社）
『中国医学の誕生』（加納喜光著　東京大学出版会）
『中国武術史』（林伯原著　技藝社）
『近代中国における武術の発展』（林伯原著　不昧堂出版）
『太気拳・意拳研究ノート』（佐藤聖二著　日貿出版社）
『意拳匯綜』（香港意拳学会編輯組・主編　天地図書）
『丹道站樁功』（黄漢立著　天地図書）
『周易参同契』（鈴木由次郎著　明徳出版社）
『抱朴子』（石島快隆訳註　岩波文庫）

# あとがき

早いもので、1971年に極真会館総本部に入門してから、来年8月で50年が経ちます。最初の11年間は、全日本選手権を目指す選手でした。入門7年目の1978年からは、支部長として選手指導にも当たります。

1982年の第14回全日本選手権を最後に選手としては引退しましたが、その後も空手の稽古は続けてきました。

空手と共に打ち込んできたのが、1975年から始めた太氣拳・意拳の稽古で、特に力を入れたのが「立禅」です。

その後、道教の「内丹法」も取り入れ、私なりの「武道気功」を研究・開発してきました。66歳になる現在も、30分のウォーキングと1時間半の武道気功は、毎朝の日課になっています。

今般は、新型コロナウィルスという未曽有の危機の真っただ中での出版となりました。そんな中だからこそ、心身の鍛錬を通じて自然治癒力と免疫力を高めることが必要です。
空手をはじめとする武道を修行されている方や心身両面の養生を目指す方の参考になればと思います。

書籍化していただいた「道義出版」の川保天骨さん、ご紹介いただいた「新・空手道」の藍原しんやさん、写真・図表を提供していただいた「月刊 秘伝」の塩澤祐也副編集長、立禅のモデルを務めてくれた弟子の鎌田翔平、の皆さんには心から感謝します。

山田雅稔

**武道気功　私の「立禅」修行**

2020年10月30日発行　第一刷

著者◎山田雅稔
発行人◎川保天骨
編集・デザイン◎加藤まさし

発行所◎道義出版
〒164-0001 東京都中野区中野5-37-5-106
TEL 03-6454-0928　FAX 03-6454-0982

発売所◎㈱星雲社（共同出版社・流通責任出版社）
〒112-0005　東京都文京区水道1-3-30
TEL03-3868-3275 FAX 03-3868-6588


ISBN978-4-434-28086-3 C0075